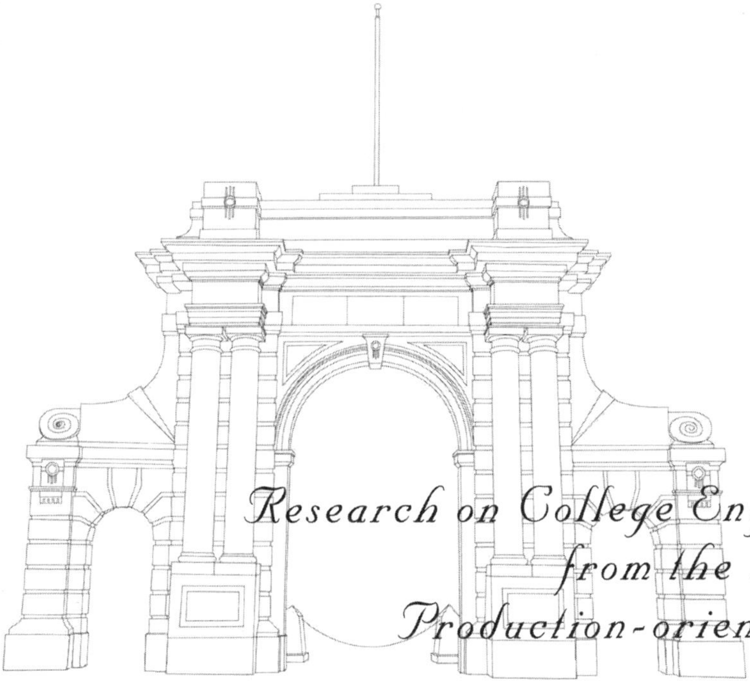

Research on College English Teaching from the Perspective of Production-oriented Approach

产出导向法视域下的大学英语教学研究

张丽霞 著

图书在版编目（CIP）数据

产出导向法视域下的大学英语教学研究/张丽霞著. —北京：经济管理出版社，2019.5
ISBN 978-7-5096-6569-5

Ⅰ.①产… Ⅱ.①张… Ⅲ.①英语—教学研究—高等学校 Ⅳ.①H319.3

中国版本图书馆 CIP 数据核字（2019）第 081416 号

组稿编辑：王光艳
责任编辑：高　娅
责任印制：梁植睿
责任校对：陈晓霞

出版发行：经济管理出版社
　　　　　（北京市海淀区北蜂窝 8 号中雅大厦 A 座 11 层　100038）
网　　址：www.E-mp.com.cn
电　　话：（010）51915602
印　　刷：北京晨旭印刷厂
经　　销：新华书店
开　　本：720mm×1000mm/16
印　　张：10.25
字　　数：173 千字
版　　次：2019 年 7 月第 1 版　2019 年 7 月第 1 次印刷
书　　号：ISBN 978-7-5096-6569-5
定　　价：58.00 元

·版权所有　翻印必究·

凡购本社图书，如有印装错误，由本社读者服务部负责调换。
联系地址：北京阜外月坛北小街 2 号
电话：（010）68022974　　邮编：100836

前　言

　　大学英语，特指中国大多数高校为非英语专业学生设置的一门公共基础必修课程，是我国高校长期持续不变的一门本科阶段课程。随着我国社会主义新时代的到来，以及为顺应国际发展提出的"一带一路"倡议的实施，我国高等院校主动承担起培育外语人才的重任，人才的培养不仅数量需求大而且质量要求高，并且是培养具有中国情怀和国际视野，具备懂科学、跨文化、善思辨，能求同存异、开放包容，满足社会需要的英语应用型人才。随着我国综合国力的逐渐提升，培养高素质的国际化人才逐渐成了大学英语教学的关键，大学英语教师在探索教学新方法和新思路的过程中，利用产出导向法，既能有效改善传统教学中的不足，同时也能最大限度地满足大学英语改革的要求，在提升英语课堂教学质量的同时，为社会输入源源不断的多元化人才。产出导向法是针对中国中、高级外语学习者提出的一种课堂教学理论，它旨在改变我国外语教学中长期存在的"重输入轻输出""重语言知识轻语言交际能力"的现状。该理论强调"输出"的重要作用，不仅将语言"输出"作为教学目标，也将其作为驱动手段，同时，将语言"输入"活动作为产出任务的促成手段。该方法实现了语言输入和输出的有效结合，能够为大学英语教学带来良好的效果，使用产出导向法进行课程教学后，可以提升英语总体成绩，提升英语口语表达，学习兴趣，学习自信心，语言的规范性、流利性等。

　　本书围绕大学英语教学，在内容编排上共设置六章，分别是导论、大学英语教学基础理论、大学英语课程与教材、产出导向法及其理论体系构建、产出导向法视域下的英语教学方法与文化教学，以及产出导向法视域下的大学英语技能教学研究。综观全书，逻辑清晰、内容充实，覆盖了英语教学的每一个环节。另外，本书最大的一个特点就是理论联系实际，为读者提供更加切实有效的参考价值。

本书在撰写的过程中得到许多专家学者的指导和帮助，在此表示诚挚的谢意。由于学术水平以及客观条件的限制，书中所涉及的内容难免有疏漏与不够严谨之处，希望读者和专家能够积极批评指正，以待进一步修改。

张丽霞

目 录

第一章 导 论 ………………………………………………………… 1

    第一节 英语的历史演进 ………………………………………… 1

    第二节 大学英语发展综述 ……………………………………… 15

    第三节 大学英语教学现状及面临的挑战 ……………………… 16

第二章 大学英语教学基础理论 …………………………………… 22

    第一节 大学英语教学的相关学科和基础理论 ………………… 22

    第二节 大学英语教学的体验性与自主性分析 ………………… 27

    第三节 大学英语教学中的基本关系 …………………………… 35

    第四节 大学英语教学中的原则要求 …………………………… 50

第三章 大学英语课程与教材 ……………………………………… 59

    第一节 大学英语课程说明 ……………………………………… 59

    第二节 大学英语教材简介 ……………………………………… 66

第四章 产出导向法及其理论体系构建 …………………………… 74

    第一节 产出导向法概述 ………………………………………… 74

    第二节 产出导向法理论体系的构建 …………………………… 75

第五章　产出导向法视域下的英语教学方法与文化教学 …………… 80

第一节　大学英语教学方法解读 ……………………………… 80
第二节　大学英语教学中的文化教学 ………………………… 88
第三节　人文素质为本的大学英语教学创新 ………………… 96
第四节　产出导向法在大学英语课堂教学中的指导性作用探索 …… 101

第六章　产出导向法视域下的大学英语技能教学研究 …………… 103

第一节　大学英语听说读写教学 ……………………………… 103
第二节　产出导向法在大学英语听力教学中的应用 ………… 143
第三节　产出导向法在大学英语口语教学中的应用 ………… 145
第四节　产出导向法在大学英语阅读教学中的应用 ………… 147
第五节　产出导向法在大学英语写作教学中的应用 ………… 150

参考文献 …………………………………………………………… 153

第一章

导　论

英语作为一种国际通用语言在社会中已经显示出了重要价值，随着社会对英语专业人才的需求不断增加，对英语的综合应用能力的要求也日益增强。本章论述英语的历史演进，对大学英语发展进行论述，并分析大学英语教学的特点。

第一节　英语的历史演进

英语是印欧语系中日耳曼语支内的一种语言，其发展大致可分为四个阶段，共包含1500多年：古英语时期为500~1050年；中世纪英语时期为1050~1450年；早期现代英语时期为1450~1700年；现代英语时期为1700年至今。英语是英国、美国、澳大利亚、加拿大、马耳他、新加坡等国家或地区的母语或官方语言，是联合国正式语言和工作语言之一，也是流传范围最广的世界性语言。英语这门语言的发展过程比较曲折，其起源于日耳曼语族，是其中一个不甚起眼的语种分支，历经两次几近彻底湮灭的"死亡"，最终发展壮大成为当今世界上最通用的国际语言，在国际沟通中具有举足轻重的地位。

在追溯英语的历史发展时，通常将它分为三个时期：古英语（Old English）、中古英语（Middle English）和现代英语（Modern English）。古英语时期从盎格鲁（Angles）和撒克逊人（Saxons）的入侵（5世纪中叶）开始至诺曼人（the Normans）占领英国（11世纪中叶）为止；中古英语时期包括11世纪中叶至1500

年这段时间；从1500年至今为现代英语时期。为便于研究，我们通常把1500～1700年的英语称作"早期现代英语"（Early Modern English），而把1700年至今的英语称作"后期现代英语"（Later Modern English）。这样的分期当然不是绝对的，但有助于我们对英语发展历程的了解和研究。

一、英语的初始发展

据文物考证显示，史前的不列颠诸岛上已经居住着旧石器人（Paleolithic Man）。英国所属的不列颠岛尚未与欧洲大陆分离，因而不存在英吉利海峡等。而在9000多年以前，不列颠岛随着地壳的剧烈运动而与欧洲大陆分裂割裂开来，掌握旧石器技术的岛上居民得以生存，史称凯尔特人，他们主要集中定居在苏格兰、爱尔兰以及英格兰的东南部。他们的入侵和定居，伴随着血腥的杀戮和征服，给原著居民伊比利亚人带来残酷的灾难。凯尔特语随之流传起来，据史料记载，这种语言是在英语形成之前最早且唯一被使用的语言，至今，生活在苏格兰西北部地区的少部分盖尔人还保留着凯尔特语的交流体系，而"不列颠"这个岛屿名称的来源就是Briton，意为凯尔特族裔的名称。

恺撒大帝在公元前55年开始进入不列颠岛，但是并没有展开大面积的征服活动或军事威胁，其建立的罗马帝国，在此后的100多年，基本没给不列颠岛带来真正意义上的威胁或屠戮。而公元43年，罗马帝国的克罗蒂斯展开了对不列颠岛的军事征服活动，并在大约三年的时间里，占领了东南部及中部的广泛领土，至此开启了英国被罗马所征服的一段历史。此后，不列颠在政治、文化、经济等方面开始受到罗马文化的深刻影响，语言体系也不例外，拉丁语逐渐融入当地语言体系中，在商业、法律等领域广泛传播，并成为官方正式语言。而原有的凯尔特语逐渐被弃用，只有少部分地名或者河流名还保留着凯尔特语成分的印迹。

例如，the Thames, the Cam, the Dee, the Avon, the Esk, the Exe, the Stour, the Aire, the Derwent, the Ouse, the Severn, the Tees, the Trent, the Wye 等，均是凯尔特人命名的河流；在 Duneombe, Winchcombe, Holcome, Cumberland, Coombe 等地名中，也可看到凯尔特语"cumb"一词的成分，英国著名城

市多佛尔（Dover）、约克（York）的名称也源于凯尔特语。

公元前406～公元前407年，罗马人因罗马帝国内外交困不得不撤离不列颠。日耳曼民族自公元前449年起开始，伺机对不列颠岛举兵入侵，以盎格鲁、撒克逊和朱特为主，在凯尔特人艰苦卓绝的反抗下，双方展开了长达一个多世纪的拉锯战。截至6世纪末，不列颠岛被征服，凯尔特人等原住民族几乎被灭绝，只有残存的少部分人或被俘虏成为奴隶，或逃入荒山野林之中。随着不列颠岛被征服，日耳曼民族内部在此过程中也逐渐将各自的方言进行了融合和统一，最终形成了盎格鲁—撒克逊语系，又称为古英语。盎格鲁人在拉丁文和早期日耳曼语中被称为"安格利人"（Angli），后经过古英语的演变过程，前元音变为"Engle"，而由于盎格鲁人是上述三个日耳曼部落中实力最强和人数最多的，因而将所征服的土地称之为"Englaland"，将所使用的语言称之为"Englise"，也就是后来所说的英国和英语，此后，为了满足发音以及拼写的需要，这两个词汇在历史进展过程中发生了演变，形成了我们现在所见的"England"和"English"。

二、古英语时期

通常把450～1050年的英语统称为"古英语"。古英语时期有四种英语方言：①存在于洪伯河北部的诺森伯里亚方言；②存在于洪伯河及泰晤士河中部的梅尔西亚方言；③泰晤士河南部的西撒克逊方言；④英国东南部流行的肯特方言。诺森伯里亚方言和梅尔西亚方言主要在盎格鲁人居住的地区使用，因此这两种方言有时又合称为盎格里亚方言（Anglian）。最初文化较发达兴旺的地区是使用诺森伯里亚方言的地区，又以约克为其中心。到了9世纪，由于遭到斯堪的纳维亚人（Scandinavians）的大规模入侵，英国的文化中心从诺森伯里亚移至西撒克逊地区。后来，西撒克逊方言逐渐成为"标准古英语"。今天我们在探讨古英语的特点时，往往以西撒克逊方言所遗留下来的史料为依据。

古英语具有风格鲜明的语言体系，从发音和语音结构组成上来看，其辅音发音比较稳定，而元音发音则变动较大。最早所采用的语音记录方式，是被称为"秘符体字母"的文字，主要刻在墓碑上用作墓志铭。后来，他们跟一些爱尔兰僧侣学习拉丁语，但是由于缺乏规范的书写或拼写，导致对词汇的记录出现不一致或者是错误的现象。此外,古英语在词形结构变化上也十分多样,比如英语词汇中,名词或形容词的词尾词缀,会按照性、数、格的区别而不同,而动词的变化形式更是高达14种以上。词尾的变化虽然纷繁复杂,但因此保证了词的独立性,句子成分的排列也就相当灵活。

古英语属于综合性语言,现代英语属于分析性语言。古英语的拼写和读音与现代英语有很大差异。在今天看来,古英语如同一门外国语,人们必须对其进行专门的研究学习,才能读懂它。古英语的语法特点与现代德语相近,具有明显的曲折形式,名词、形容词、动词、代词等均有复杂的词尾变化,古英语时代是词尾曲折的全盛时期。由于古英语具有较强的曲折形式的特点,古英语的句子语义像拉丁语一样,不完全依赖于词序,而以词缀为主,如 for -, in -, - ful 等。派生法在古英语中也广泛使用,共有24个名词后缀、15个形容词后缀, - dom, - hood, - ship, - hess, - the, - ful, - ish 等词缀都可溯源到古英语时期。古英语时期诗歌有一种特殊的修辞手法,即头韵(Alliteration),由此产生的许多短语一直保留至今,如"friend and foe"(敌友)。

公元597年,随着牧师奥古斯汀进入英国开始传教活动,基督教和罗马文化进入英国的序幕被拉开。后来,自公元790年起,英国受到北欧的入侵,使许多斯堪的纳维亚人开始逐渐进入英国并长久定居。这两个重要事件,对古英语时期英语词汇的发展产生了极其重要的影响,使英语词汇开始与拉丁语词汇或斯堪的纳维亚系词汇相互交融,丰富了英语词汇和表达方式。其实,古斯堪的纳维亚语中有许多词和盎格鲁—撒克逊语非常相似以致很难区分开来,例如,are, they, their, them, call, die, give, take, skin, sky, ill, weak 等。早在盎格鲁—撒克逊人入侵之前,不列颠居民就和罗马人有着千丝万缕的联系,并引入了相当多的拉丁词汇。例如,bargain(议价), cheap(便宜), pound(英镑), cup(杯子), dish(盘子), wine(葡萄酒)等。在漫长的古英语时期,拉丁语中的词汇不断被引入英语中,基督教引入英国以后,大量引入的拉丁语词汇也均与宗教有关。许多词汇至今仍被沿用,如 altar(祭坛), candle(蜡烛), disciple(信徒), hymn(赞美诗), priest(牧师), Pope(主教,教皇), temple(神殿)等。

总体来看,拉丁语系还是这一时期唯一的官方学术语言,与此同时,英语语系开始有所发展,人们逐渐运用英语语言进行创作和表达,并产生了许多诗歌类的杰出作品，比如《贝奥武夫》等，这些诗歌作品主要以宗教为表达主题。最早对英国的诗歌创作历史进行追溯的诗人为凯德蒙，著有英国文学史上最早的诗集《凯德蒙赞美诗》（*Caedmon's Hymn*）。9世纪末，阿尔弗雷德大帝（Alfred the Great）主持编写《盎格鲁—撒克逊编年史》（*Anglo - Saxon Chronicle*），这是用英国当地语言写史的开始。

三、中古英语时期

公元1100～1500年这段时期，被称为中古时期，这一时期是英语被冷落的时期。征服王William带领着诺曼人，完成了后来被称为"诺曼征服"的壮举，在1066年的哈斯丁战役中，一举击溃英国军队。随着其对英国的征服，法语开始被广泛推广，英语逐渐被冷落甚至废弃，法语便被作为官方语言在社会、文化等很多领域中广泛使用。但大多数人还是说英语，直到15世纪末，英语才再次成为整个国家的语言。

这一时期的英语废弃了古英语中大部分词汇，吸引了成千上万的法语词汇，这些词汇多源于拉丁文。英语中的法语词汇随处可见。例如，宗教方面的词汇：baptism（洗礼），confess（忏悔），divine（神的牧师）等；法律和政府行政方面的词汇：judge（审判），jury（陪审团），justice（公平），government（政府），parliament（议会），state（州）等；军事方面的词汇：conquer（征服），sergeant（警官），victory（胜利）等；服饰方面的词汇：coat（大衣），dress（女服），gown（礼服），robe（长袍）等；文学方面的词汇：chapter（章节），poet（诗），prose（散文），rime（白霜）等；科技方面的词汇：remedy（治疗），surgeon（外科医生）等。

在中古英语时期，英语经历了剧烈变化。到了中古英语末期，英语已逐渐具有词根语（如汉语）的特性，而且这个趋势一直在继续着。语言发展的趋势是从综合到分析，从词形的多变化到词形的无变化。这一变化对英语词汇的发展影响深远，为日后大量的借词——主要是希腊语词、拉丁语词进入英语铺平了道路。

随着众多的法语借词被吸收进英语，一些法语和拉丁语的词缀也被英语化

(Anglicized)了,成为英语构词的重要素材。如前缀 dis -(distrust),en -(enrich),inter -(intermingle),mal -(maladjustment),non -(nonage),pre -(preconceive),re -(reenter),semi -(semi - circle),sub -(subtenant);后缀 - able(believable), - acy(delicacy), - age(peerage), - ancy/ency(vacancy, innocency), - ate(translate), - ory(transitory), - ance(hindrance), - ant/ - ent(occupant, resident), - ician(geometrician), - ise/ - ize(epitomise, fertilize)。与此同时,有些英语本族语的词缀反而被废弃不用了。在复合词的构成格式方面,也吸收了法语的一些特色,例如,名词+形容词(knight - errant,游侠骑士)、副词+过去分词(by - gone,过去的)。这些现象,语言史家称为英语的罗曼语化(Romanization of English)。这就是为什么从谱系关系看,英语与德语同族,但现代英语的词汇和法语更相近的原因。

英语词汇还受到了法语的影响。许多来源于法语的词汇,导致原有词汇或者被逐渐弃用,或者在词义上发生了一些变化,通常这类保留下来的法语词汇,都带有比较鲜明的情感色彩,比如"wed"一词的本意是指结婚,但目前主要作为引申含义使用,而结婚的意义被"marry"这一法语词汇所代替,而且目前其最常用的词汇是以"wedding"这一动名词的形式出现,但词义不再指结婚,而是指婚礼。中古时期的英语,在文学表达和文学创作方面稍显逊色,但是仍具有自己存在的意义,比如诞生于 12 世纪末的《修女训》,就是用英语语言编写的一部宗教散文,而阿尔弗雷德大帝时期的编年史,也是采用的英语语言,这一时期的英语语言风格和散文文体对后世也产生了一定的影响。从 13 世纪中叶起,人们越来越多地模仿法国的骑士传奇,其中的《高文爵士和绿衣骑士》(*The Sir Gawain and the Green Knigh*t)代表了骑士文学的最高成就。它用头韵体诗写成,描述了亚瑟王属下一个"圆桌骑士"的奇遇。14 世纪后半叶,被称为"英国诗歌之父"的乔叟创作出《坎特伯雷故事集》(*The Canterbury Tales*),取得了很高的艺术成就。乔叟用优美、活泼的韵文,描写了一群去坎特伯雷朝圣的人的神态言谈。他们来自不同阶层和行业,各人所讲的故事或雅或俗,揭示了多方面的社会现实。乔叟首创了诗歌的双韵体——每两行押韵的五音步抑扬格(Iambic Pentameter),后被许多英国诗人采用。乔叟用伦敦方言写作,奠定了用英语语言进行文学创作的基础,促进了英语语言文学的发展。下面援引该作品《总序》(*The General Prologue to the Canterbury Tales*)中的一段:

Whan that April with his shoures soote
The droghte of March hath perced to the roote
And bathed every veyne in swich licour,
Of which vertu engendred is the flour;
Whan Zephirus eek with his sweete breeth
Inspired hath in every holt and heath
The tendre croppes, and the yonge sonne
Hath in the Ram his halfe coursyronne,
And smale foweles maken melodye,
That slepen al the nyght with open eye —
(So priketh hem Nature in hircorages):
Thanne longen folk to goon on pilgrimages...

这段诗文的中文意思是：

四月时分，甜蜜的阵雨飘落，
穿越干旱的三月，浸透了万物的根部。
把强力酒精的每一根经络浸泡，
草木发芽，渐次生花；
西风呼出甜美的气息，
席卷了荒地和林丘
嫩枝和嫩叶，青春的阳光
在白羊星座走了一半的历程，
无数小鸟通宵达旦睁着眼睛，
此时齐声歌唱
（大自然骚扰着它们躁动不安）：
这时，人们渴望走上朝圣之路……

下面是经现代英语改写后的文字，试对照：

When in April the sweet showers fall
That pierce March's drought to the root and all
And bathed every vein in liquor that has power
To generate therein and Sire the flower;

When Zephyr also has with his sweet breath,

Filled again, in every holt and heath,

The tender shoots and leaves, and the young sun

His half – course in the sign of the Ram has run,

And many little birds make melody

That sleep through all the night with open eye

(So Nature pricks them on to ramp and rage),

Then folk do long to go on pilgrimage.

此外，中世纪文学中涌现了大量的优秀民谣，最具代表性的是收录在一起的咏唱绿林英雄罗宾汉（Robin Hood）的民谣。这些歌谣生动地讲述了一群农民劫富济贫、打击教会僧侣和执法吏的事迹，传诵至今。

四、现代英语时期

现代英语时期是从1700年至今，人们常把1450~1700年的英语称作"早期现代英语"（Early Modern English），1700年至今的英语称作"后期现代英语"（Later Modern English）。这一时期出现的文艺复兴给英语带来了巨大的影响。

文艺复兴运动所宣扬的一大主题，就是对中世纪封建文化进行彻底的反抗，以古希腊和罗马文化取而代之，这一运动对现代英语词汇的早期诞生和发展，具有十分重要的影响，其主要表现之一，就是英语语系中开始出现大量的拉丁语以及希腊语，丰富了英语词汇和表达方式，其书面表达或特定术语很多已延续至今，但基本上还保留着原来希腊语或拉丁语的组成形式，如 climax，appendix，exterior，axis 等；有的失去了词尾，如（括号内为拉丁语），consult（eonsultare），exclusion（exclusioneum），exotic（exoticus）等；还有的改变了词尾，使之更适合英语的形式，如形容词词尾"us"变成了"ous"或"al"，名词词尾"tas"变为"ty"。人文主义学者们对语言抱着兼收并蓄的态度，他们一方面对古罗马以及法国的文学作品进行研读，并由此获得灵感；另一方面开始使用许多来源于希腊语、拉丁语及法语的词汇或术语，用以丰富创作语言，其中莎士比亚的做法最为突出。莎士比亚是该时期文学艺术创作的一座高峰，他凭借娴熟的语言运用能力,创作出许多优秀的戏剧作品和十四行诗等。在研读其作品的过程中,可以清晰地看到,他将本族语言与外来语言相结合的痕迹,具有生动的艺术和语言表现力。根据后世统计的结果,其一生创作的英语作品中,运用了2万~2.5万词汇。但是,学界对莎士比亚所使用的词汇一共有多少见解不一。有一种说法称具体数字是43566个,是使用计算机考证的结果。现今人们日常使用的英语词汇中,很多是由这位语言大师第一次使用而成为英语词汇的,或者是因为他的使用而使原来的词义发生了根本性的变化。至于莎士比亚到底给英语创造(杜撰)了多少词汇,有人说几百个,有人说上万个,但学术界公认的是1500个左右。以莎剧《麦克白》(*Macbeth*)中的一段独白为例:

"Will all great Neptune's ocean wash this blood clean from my hand? No, this my hand will rather the multitudinous seas incarnadine, making the green one red."

"大洋里所有的水,能够洗净我手上的血迹吗?不,恐怕是我这一手的血,倒要把一碧无垠的海水染成一片殷红呢。"

这个句子中的 make(v.), green(adj.) 和 red(adj.) 都是本族既有的词语,而 multitudinous(adj.) 和 incarnadine(v.) 则属于外来词语,正是两种语系的交融结合,极大地丰富了语言的生动性及表达效果。从莎士比亚的语言和文学创作中,我们可以感受到强烈的语言魅力和艺术感染力,且通过多体系词语的组合,形成了多种文学题材和艺术表现手法。

由于受到神学和宗教运动的影响,这一时期的英语,已经超出了其基本的文学和艺术表达功能,而被广泛应用于宗教中,用于祈祷或做礼拜。以出版于1611年的《圣经》钦定译本为例,该书中生动优雅的语言和质朴动人的文体,成为英语语言文学艺术史上的杰出作品,其语句运用和文体结构,至今为后世的现代英语所推崇。

1662年,英国皇家学会(the Royal Society)正式成立了。英国皇家学会是为推动自然科学和应用科学的发展而设立的独立的英国国家科学院。英国皇家学会成立于近代科学革命的后期,当时经过文艺复兴运动洗礼、地理大发现、宗教改革和近代科学革命全过程的英国,资本主义工商业蓬勃发展,圈地运动和毛纺工业的大发展导致资本主义向海外扩张和发展国际贸易,受此影响,从罗马教廷脱离出来的英伦三岛教会的自由意识极大增强。海上运输的强烈要求使造船技术、水文学、天文观测、结构计算、材料技术和防腐蚀的化学处理等科学得到发展。因此，从事国际贸易的富商巨头们，极其需要刚从神学家中分化出来的自然科学家和科技人员为其提供科技支持。英国皇家学会提倡用质朴的英语探讨哲学和自然科学。从此，英语逐渐代替拉丁文成了哲学和自然科学的语言，这就要求它更准确、清晰、合乎逻辑，更有说服力。

17世纪，英国文学家德莱登（John Dryden）澄清了英语的句法，早期现代英语发展成了一种相当成熟的语言。

英语的发展一直受到两种趋势的影响：一是使之更丰富、典雅；二是使之保持纯洁、朴素。早期现代英语发展成为后期现代英语，主要是第二种趋势在起作用。启蒙运动使18世纪成了一个理性的时代，启发人们反对封建传统和宗教的束缚，提倡思想解放、个性发展等。启蒙运动与文艺复兴运动一脉相承，但就思想内容而言，应当说启蒙运动思想家远比文艺复兴时期的思想家全面、深刻和彻底得多。要求英语的读音、拼写、词义、句法等都得有个统一的标准，于是产生了对字典和语法书籍的迫切需求。1755年，约翰逊博士（Samuel Johnson）编纂出版了《英语词典》（*A Dictionary of the English Language*），在长达150年的时间里，这部词典一直是最权威的英语词典，直到20世纪初才被《牛津英语词典》取代。有兴趣的读者可参阅已成为英语名篇的《致切斯特菲尔德伯爵书》（*Samuel Johnson's Letter to Lord Chester field*），该文在揭穿切斯特菲尔德伯爵（约翰逊为编纂词典向此君求助未果）沽名钓誉的过程中，显露出了约翰逊过人的说理才智和卓越的语言才华。《英语词典》第一次把英语作为全民语言记录下来，对书面语、惯用法和拼写法的规范化起到了前所未有的积极作用，从此以后现代英语大体定型。另外，当时还接连出版了许多语法书籍，英语的准确程度和清晰程度得以大大增强。

现代英语发展变化最显著的特征就是词汇大大增加，这种变化与社会政治、经济、文化的发展息息相关。从17世纪开始，英语随着英国国际贸易和开拓殖民地的活动走向世界各地，与世界各地的民族和文化都有了接触，吸收了数千个新词，词汇变得更为国际化了。例如，源自波斯语的 harem（商队），bazaar（市场）和 shawl（披肩），源自土耳其语的 kiosk（凉亭）和 coffee（咖啡），源自印第安语的 nabob（大富翁），源自日语的 soy（酱油），源自马来语的 orangutans（猩猩）和 paddy（稻）等。与此同时，由于与法国一直保持着密切关系，法语词汇仍然源源不断地传入英语。这一时期传入英语的法语词汇很多保留了法语在发音和拼写上的特征，如 chaise（两轮马车）。19 世纪的英国产业革命促进了科学技术的发展，英语词汇也大幅度增长。古英语词汇只有 5 万~6 万个，而现代英语却有 65 万~75 万个之多，英语中出现了大量的短语动词，表达方式变得更加灵活生动，而且英语的用法也比以前更加确定、更加规范。

自 20 世纪以来，全球经济迅猛发展，科学技术日新月异，国际商贸、文化交往日益频繁，英语迅速成为一种国际语言，在国际交往中起着举足轻重的作用。

五、新世界语时期

1887 年，波兰查门霍夫博士（Zamenhof）以超人的智慧和满腔热情发明了超越民族界限的"国际普通话"——世界语（Esperanto），旨在消除国际交往的语言障碍，让世界上的各民族能够"用一个声音说话"，实现和保持地球上各善良民族渴望的和平。100 多年过去了，世界语没有成为世界通用的语言，甚至被人遗忘。通过华盛顿大学卡尔伯特（Sidney S. Culbert）博士的研究，有 160 万个使用世界语的人，达到了相当的水平。假设这个数字是正确的，这就意味着世界人口中只有大约 0.03% 的人能够较为熟练地使用这种语言，迄今仍远未达到查门霍夫博士使它成为世界通用语的目标。与此形成鲜明对照的是，曾经是民族国家语言的英语却在世界上为越来越多的国家和人民所使用，现已成为"新世界语"。

英语走向世界始于 17 世纪英国国际贸易和开拓殖民地的活动。英语虽然不属于人类最古老的语言之列，并且它走向世界也仅仅 400 多年，可是它在全球化过程中的发展速度和对全世界的影响，是其他任何语言都望尘莫及的，其奥妙究竟何在，非常值得我们研究和探讨。

英语在短短 400 多年里能够一跃成为世界通用语言，原因是多方面的。依据牛道生先生《英语与世界》一书的精辟分析，① 我们须注意从以下几方面把握英语迅速崛起的真正原因。

在历史方面。1500 多年前，盎格鲁—撒克逊民族凭借北欧日耳曼民族勇猛

---

① 牛道生. 英语与世界 [M]. 北京：中国社会科学出版社，2008.

顽强的"海盗精神"抢占不列颠岛,在非常艰难的自然环境中,凭借本民族团结的力量战胜外族屡次的侵略,在不列颠创建新的国家——英国;然后,在文艺复兴运动中,凭借勤奋好学的探索精神,在广泛汲取欧洲古老文明成果的基础上,自力更生,力求创新,努力赶超欧洲大陆的老牌列强,从一个弱小的海岛民族发展成为欧洲乃至世界上的强盛民族,在16世纪以后短短的200年中就创造出独具英国民族特色的先进语言文化。

在政治、军事方面。英国为了达到掠夺殖民地的目的,不惜动用武力在世界各地镇压当地土著居民,在政治上竭力奉行殖民政策,强行传播和普及英语语言文化,用英语同化当地民族语言,使英语在美洲、大洋洲、非洲、亚洲的英国殖民地牢牢地扎下了根,结果造就出美国、加拿大、澳大利亚、新西兰、南非、印度等多个具有本土语言文化特色的英语变种。

在经济、科学技术方面。因为先前的大英帝国,以及后来的美国,都先后在经济上垄断国际贸易市场的许多重要领域,所以英语必然随这些领域的商品打入世界各国。

如今,许多大的国际跨国集团仍然操纵在美、英两国手中,国际经济贸易游戏规则基本都是用英语作为蓝本制定的,并被美、英等西方国家所操纵或主导。在人类近代自然科学技术方面,许多先进发明创造和尖端科学技术来自英、美两国的科学家,他们用英语写成的科研报告和资料,以及发行的英文学术期刊必然受到世界各国科学家和科技人员的青睐。为了获取英、美的先进科学技术,或参加国际学术交流,非英语国家的大批科学家和科技人员不得不下苦功学习英语。

在外交、国际贸易和旅游产业方面。美、英两国以及许多英联邦国家把英语作为第一语言或官方语言,美、英又分别是联合国五个常任理事国之一,这使英语在1948年联合国成立之日就成为联合国的工作语言之一,并且用英语制定的国际法在全世界普及面最广。为了有利于国际交往,世界其他国家的外交人员不得不学会英语。20世纪后期,经济全球化趋势发展迅速,为了占领国际贸易市场和旅游市场,国际竞争越来越激烈,英语成为推销本国商品和旅游资源的有力武器,各国相关公司在国际媒体用英语大做广告,千方百计为自己争夺客户。

在文化、教育和娱乐方面。因为美、英以及加拿大、澳大利亚等以英语为母语的国家都有许多世界一流的大学，各国为了培养一流科技人才，不得不派大批留学生或访问学者去美、英或其他英联邦国家大学留学或从事合作科研活动，英语自然成为年轻人梦寐以求地考入这些国家大学的"敲门砖"以及学者们进行学术交流的工具。另外，世界上高水平的大学教材和现代文学著作绝大部分是用英语写成的，各国高等院校为了提高教学科研水平，与世界学术接轨，不得不选用或借鉴西方国家的大学英语教材和现代文学著作。美国人最早发明了电影，后来又发明了电视、录像。美国凭借高科技手段生产的大批影视音像制品，具有非常诱人的魅力，不但占领了英语国家娱乐市场的大部分份额，而且在非英语国家也十分畅销。其他国家为了使本国的影视产品能够打入国际娱乐市场，也将其翻译成英语在全世界发行。因此，英语必然随着美国或其他国家影视音像制品的全球广泛传播，而引起世界亿万观众学习英语的兴趣。

在新闻、出版、通信方面。世界上最大的国际传媒垄断集团几乎都被美、英所控制；国际电信以及全球网络通信业也几乎被美国操纵；世界新闻出版领域的英语书籍、报刊发行量最大，英语自然成为世界新闻、出版、通信领域的首选语言或主导语言。

在民族语言文化方面。民族语言的文化价值还表现在不同的民族语言有它独特的文化气质上。语言的文化气质，指的是一种语言在交际过程中使说话人和听话人在心理上得到的某种感受，这种感受一方面受周围环境的影响，另一方面由语言结构各方面因素综合作用而显露出来。自18世纪以来，英、美一直先后处于世界近代史上全球先进生产力发展的顶峰。因此，根据经济基础决定上层建筑的马克思主义经典理论来看，英、美必然成为世界近代史上先进语言文化的主要代表者，英、美的语言文化在全世界的竞争力必然最强。那些弱小民族或语言文化落伍的古老民族，一旦沦为英、美的殖民地，其本土的语言文化必然面临被同化或边缘化的危险，英、美英语语言文化势不可当地成为这些被奴役民族的主导语言文化。即使这些民族后来独立了，但在很长的历史时期内依然很难摆脱对英语的高度依赖，如印度、巴基斯坦、孟加拉、南非等国至今仍然把英语作为本国的官方语言使用。

经过1500多年的变迁，英语从几个日耳曼部族的语言发展为今天具有重大国际影响的语言，这固然有上述政治、经济、社会等方面的原因，但英语语言本身的独特优势也同样不容忽视。词汇的开放性便是其优点之一，英语极善于吸收外来词。一方面英语属于日耳曼语族,有日耳曼语的共同词语;另一方面又长期与法语及其他罗曼语族语言联系密切,同时吸收了大量古典词语。可以说,英语把代表欧洲主要文化的词语兼收并蓄于一身,这在欧洲各语言中间是独特的。今天,每当出现了一种新的事物、设备或时尚,只要其他语言中已经提供了一个合适的词汇,英语就会心甘情愿地把它吸收进来,而且在吸收的过程中,往往词形不做任何改变。

英国语言学家布赖恩·福斯特(Brian Foster)在《变化中的英语》一书里精辟地分析了英语民族在吸收外来词语问题上的民族心理特点:"从英语的整个历史来看,英语对其他语种的词语总是乐于采纳的。确实,人类各种语言都或多或少地借鉴了外界模式,但有理由可以认为,英语跟其他主要的语种相比更易于接受外来的影响。法国人在1624年成立了法兰西学院。于1964年出版了《法兰西学院词典》。他们希望靠此来阻止或多少能控制外国词语的流入,而对于大多数说英语的人来说,这是不可思议的,他们似乎主张一种语言上的'自由贸易'。他们说,如果一个外国词语是有用的话,那就应该采用,不论其来源如何。"①

从语法角度看,当代英语正朝着精练、简化的趋势发展。语言结构上的演变不是通过"爆发"方式形成的,正如斯大林在《马克思主义与语言学问题》一书中指出的:"马克思主义不承认在语言发展中有突然的爆发,有现存语言的突然死亡和新语言的突然创造。""语言的发展……是经过逐渐的、长期的语言新质和新结构的要素的积累,经过旧质要素的逐渐衰亡来实现的。"自19世纪以来,英语的语法结构所发生的一系列变化虽仍处在"新结构的要素的积累"和"旧质要素的逐渐衰亡"阶段,但对其中的一些简化趋势我们是不该否认的。这些特点也使英语同其他欧洲语言比较起来相对容易学习,特别是容易入门。当然,英语也有其弱点。最容易察觉的便是拼读不统一,容易造成拼写混乱。此外,同义词、惯用语特别多,这固然使英语富于表现力,但同时也给英语学习者带来了不少的困难。在上述诸多因素的综合作用之下,英语在世界范围内大行其道也就不足为奇了。

---

① 汪澍白. 二十世纪中国文化史论 [M]. 北京:中国青年出版社,1999.

第二节 大学英语发展综述

2010年，中共中央、国务院依据新的社会发展形势颁布了《国家中长期教育改革和发展规划纲要（2010—2020年）》，指出：中国高等教育的重要目标之一是培养具有国际视野、通晓国际规则，能够参与国际事务与国际竞争的国际化人才。我国高校也愈发意识到培养具有国际视野和国际竞争力人才这一需求的紧迫性。随着高等教育改革的开展和深入，高校各专业对大学生英语能力的要求也形成了更加具体而明确的认识。

大学英语教学是我国高等教育的重要组成部分，在人才培养方面具有不可替代的重要作用。加强和改进大学英语教学，对于培养具有专业知识和英语技能的高素质国际型人才具有重要意义。

单一的、传统的大学英语教学模式以教师为中心，教师利用讲解、板书和各种媒体作为教学的手段和方法向学生传授知识；学生则被动地接受教师传授的知识。这种教学模式不利于激发学生学习英语的兴趣和动力，压制了学生学习的主动性和能动性，是造成英语学习成效低下的一个重要原因。

目前，我国的大学英语教学正处于一个重要的改革时期，即从规范统一的教学向多元化的教学发展。大学英语教学的改革在教学手段、教学内容和教学模式上均有体现。从教学手段看，教学中已经广泛使用计算机、多媒体和网络等现代教育技术；从教学内容和教学模式看，传统的以教师为中心、单纯传授语言知识和技能的教学模式逐步向以学生为中心、注重培养语言运用能力和自主学习能力的教学模式转变。任务型语言教学模式、主题式语言教学模式、计算机与多媒体辅助的语言教学模式、基于网络的语言教学模式，以及以英语作为教学语言的专业英语教学，都陆续进入大学英语教学领域，教学模式呈现出多元化的趋势。但是在目前改革的这个阶段，对大学英语教学模式的定义和运用稍显混乱。

同时，为了适应国家和社会发展需要，2010年第四次全国教育工作会议提出了要创新人才培养模式，创新教育教学方法，倡导启发式、探究式、讨论式、参与式教学，激发学生好奇心，发挥学生主动精神，鼓励学生进行创造性思维，改变单纯灌输式的教育方法,而《大学英语课程教学要求》也指出,要在大学英语教学中采用新的教学模式。新的教学模式应以现代信息技术,特别是网络技术为支撑,使英语的"教"与"学"可以在一定程度上不受时间和地点的限制,朝着个性化和自主学习的方向发展,改进以教师讲授为主的单一教学模式。

所以,教学模式是指在一定的教育思想、教学理论、学习理论指导下的教学活动进程的稳定结构形式,是教学系统基本要素(包括教师、学生、媒体、教材、评价等)相互联系和相互作用的具体体现。多年来,我国大学英语教学改革没有出现实质性的重大突破,其原因在于这些改革只注重了教学内容、教学方法和手段的改革,而忽视了教学模式的改革。教学内容、教学方法和手段的改革固然很重要,但却不一定会触动教育思想。只有对教学模式进行改革,才能真正触动"教"与"学"理论这类深层次的问题。

第三节 大学英语教学现状及面临的挑战

从1985年第一个《大学英语教学大纲》的制定算起,我国大学英语教学已走过了多年的历程,并逐步建立和完善了统一的大学英语教学大纲与统一的测试体系。

但是,这种规范化也在一定程度上束缚了高校英语教学的发展,与高等教育多样化、个性化时代发展的要求不相符。目前,我国的大学英语教学正在进入一个重要的历史转型时期,即从规范的统一教学向多元化教学发展。转型期的大学英语教学呈现出以下特点与问题。

一、明确教学目标

20世纪90年代后,大学英语教学改革陆续在全国范围内展开。随着近年来国际交流的日益频繁和社会对大学人才培养要求的变化,教育部重新修订了《大学英语课程教学要求》(以下简称《课程要求》),重申大学英语教学是高等教育的两个有机组成部分之一，大学英语课程是大学生的一门必修的基础课程。《课程要求》指出，大学英语应该以外语教学理论为指导，以英语语言知识与应用技能、跨文化交际和学习策略为主要内容，并集多种教学模式和教学手段为一体的教学体系。大学英语的教学目标是培养学生的英语综合应用能力，特别是听说能力，使他们在今后的学习、工作和社会交往中能用英语有效地进行交际，同时增强其自主学习能力，提高综合文化素养，以适应我国社会发展和国际交流的需要。可以看出，《课程要求》突出了英语作为交际工具的实用功能，明确了大学英语教学的重点在于培养英语实际交流能力，特别是基于工作需要的专业英语能力。

由于我国幅员辽阔，各地区、各高校之间情况差异较大，《课程要求》指出，大学英语教学应贯彻分类指导、因材施教的原则，以适应个性化教学的实际需要。《课程要求》在此基础上进一步提出了我国高等学校非英语专业本科生经过大学阶段的英语学习与实践应当选择达到的三个层次的标准，即一般要求、较高要求和更高要求。一般要求是高等学校非英语专业本科毕业生应达到的基本要求；较高要求和更高要求是为有条件的学校根据自己的办学定位、类型和人才培养目标所选择的标准而推荐的。各高等学校应根据本校实际情况确定教学目标，并创造条件，使那些英语起点水平较高、学有余力的学生能够达到较高要求或更高要求。由于大学英语教学目标定位日益明确，有利于全国各类高校根据本校具体人才培养目标的需要，实施相应的大学英语教学改革，以培养出新型的外语人才。

二、设置多样化课程

在过去相当长的一段时期内，我国对传统大学英语教学的改革一直在持续地进行，但这些改革基本上都是在原有课程体系框架下进行的局部调整和有限的增补工作，主要是改革一些语言技能课程的教学方法和教学内容、增减某些语言技能课程的课时数量、开设个别讲授语言文化等内容的英语课程等。这些改革对改善传统大学英语的不利状况起到了积极有效的作用，在一定程度上提高了教学质量，拓展了学生的语言知识和技能。但随着时代的进步和高等教育的发展，上述

产出导向法视域下的大学英语教学研究

大学英语教学改革方式和力度显然已经不能满足新的人才培养目标的需要。因此，在全国范围内普遍出现了各大高校对大学英语教学进行改革的局面，有学者将大学英语教学改革的这一时期称为转型期。

在转型期，很多高校逐渐意识到，大学英语课程不仅是一门语言基础课程，也是拓宽知识、了解世界文化的素质教育课程，兼有工具性和人文性，在设计大学英语课程时开始考虑对学生的文化素质培养和国际文化知识的传授。转型期的大学英语教学改革逐渐摆脱了传统大学英语教学中英语课程设置单一的局面，陆续开始进行英语课程体系的开发和建设。具体来看，很多高等学校根据实际情况，按照《课程要求》和本校的大学英语教学目标逐步设计出适合本校需要的大学英语课程体系，将综合英语类、语言技能类、语言应用类、语言文化类和专业英语类等必修课程和选修课程有机结合，使不同层次的学生在英语应用能力方面得到充分的训练和提高。

同时，很多高校在大学英语课程的设计过程中充分考虑到听说能力培养的要求，对大学英语教学给予足够的学时和学分，并开始在教学中使用先进的信息技术，积极开发和建设各种基于计算机和网络的课程，为学生提供良好的语言学习环境与条件。上述大学英语教学改革有力地推进了高等教育领域英语教学成效的提高。

三、多元化教学模式

转型期的大学英语教学的改革在教学手段、教学模式和教学内容上均有体现。从教学手段上看，教学中已广泛使用现代化的网络、计算机和多媒体教育技术；从教学内容和教学模式上看，传统的以教师为中心、单纯传授语言知识和技能的教学模式已经逐步向以学生为中心、注重培养语言运用能力和自主学习能力的教学模式转变。任务型语言教学模式、主题式语言教学模式、计算机和多媒体辅助的语言教学模式、基于网络的语言教学模式，以及以英语作为教学语言的专业英语教学，都陆续进入高等教育英语教学领域，教学模式呈现出多元化。但是在转型期的这个阶段，对大学英语教学模式的定义和运用稍显混乱。

"教学模式"是指在一定的教育思想、教学理论、学习理论指导下的教学活动进程的稳定结构形式，是教学系统基本要素（包括教师、学生、媒体、教材、评价等）相互联系、相互作用的具体体现。

　　作为结构框架，突出了教学模式从宏观上把握教学活动整体及各要素之间内部关系的功能；作为活动程序则突出了教学模式的有序性和可操作性。教学模式是再现现实的一种理论性的简化形式，是通过对教学系统运行过程的分析，运用系统方法总结出的教学理论简化形式。选用恰当科学的教学模式，有利于在教学中从整体上去综合地探讨教学过程中各要素之间的相互作用及其多样化的表现形态，以动态的观点去把握教学过程的本质和规律，对加强教学设计、研究教学过程的优化组合也有一定的促进作用，能有效地提高教学成效。

　　多年来，我国大学英语教学改革取得了不小的成绩，但是并没有实质性的重大突破，其原因在于这些改革只注重了教学内容、手段和方法的改革，而忽视了教学模式的改革。教学内容、手段、方法的改革固然很重要，但却不一定会触动教育思想、"教"与"学"理论这类深层次的问题，只有教学模式的改革才能触动这类问题。教学模式的改革主要是为了改变以教师为中心的教学模式，创建新型的、既能发挥教师主导作用又能充分体现学生主体地位的"主导—主体相结合"教学模式，以便激发学生的主动性、积极性与创造性，从而使创新人才培养的目标落到实处。由此可见，教学模式的改革对深化我国大学英语教学改革具有重要的现实意义。为此，应着手研究大学英语教学模式改革所涉及的关键问题和环节，发现英语教学改革中遇到的实际问题和困难，并在此基础上寻找科学而有效的解决方法和途径，形成新型的、能够培养出时代需要的外语人才的大学英语教学模式。

　　在大学英语教学的转型期，很多高等学校开始利用现代信息技术，采用基于计算机和网络的英语教学模式，改进了以教师讲授为主的单一教学模式。这种新的教学模式以现代信息技术，特别是网络技术为支撑，使英语的"教"与"学"可以在一定程度上不受时间和地点的限制，朝着个性化和自主学习的方向发展。在新型的教学模式下，特别注重培养学生自主学习的能力。但是，就转型期高校英语教学的现状看，自主学习的开展似乎出现了盲目的趋势。有些高校忽视了学生自主学习能力仍旧薄弱的现实，在缺少对自主学习进行规范管理的情况下，过度依靠多媒体教室，大幅度缩减课堂面授的课时，导致教学资源的无效使用，教学效果低下。还有的错误地将自学和自主学习混为一谈，忽视教师的作用，对学生放任自流,要求学生设计自主学习的方式,忽视语言知识的学习,最终无法实现预期的教学目标。针对上述问题,培养学生自主学习能力需要一套科学全面的评价体系,帮助教师客观准确地了解和分析自主学习所需要的环境条件,进而设计和实施有利于培养学生自主学习能力的具体可行的方案,最终实现自主学习能力培养的目标。

四、培养个性化外语人才

一般情况下,同一所高等院校的大学生有可能来自全国不同的地区,而分布于全国各地的高校在办学条件和英语教学水平方面表现出很大的差异性,学习者的英语水平和各项语言技能的发展呈现出不平衡的、多层次的状况。中国有1000多所高校,人才培养的规格和要求各不相同,对英语水平和能力的要求也应该不同,英语对其专业学习、职业发展的作用也应该完全不一样。因此,各校的大学英语教学的定位和侧重点也应该不同。大学英语教学应该为各校特色办学、分层次办学、培养特色或特殊人才服务。

在转型期,全国各地的高校都在致力于对大学英语教学改革进行有意义的实践。在特色教育的大方向下,不同类型和层次的大学努力探索适合社会不同需要的、具有自己特色和优势的大学英语教学模式,培养出既掌握专业又懂得英语的高素质、复合型人才。其中,上海的一些高校率先在大学英语教学改革中展开了一系列探索和实践。2013年初,为了适应上海市社会和经济发展的需要,培养具有国际视野、通晓专业领域内国际规则并能用英语直接参与国际交流的专业人才,上海市教育委员会委托上海高校大学英语指导委员会制定了《上海市大学英语教学参考框架》(以下简称《框架》),作为上海各高等学校组织非英语专业本科生英语教学的主要依据。鉴于上海各本科高等学校的教学资源、学生入学水平、办学目标定位以及各学科专业需求等不尽相同,上海市教育委员会建议各学校参照《框架》,根据本校的实际情况,贯彻分类指导、因材施教的原则,制定科学的、个性化的大学英语教学大纲,指导本校的大学英语教学。

《框架》将大学英语课程的性质规定为以非英语专业本科生为教学对象的公共基础课程,课程定位是为上海高校学生专业学习需求和专业人才培养总目标服务。《框架》明确指出：大学英语教学的目标是提高学生具有较强的听、说、读、写学术英语交流能力，使他们能用英语直接从事自己的专业学习和今后的工作，在自己专业领域具有较强的国际交往能力；在提高学术交流能力和学术素质修养的同时，培养他们的人文素质修养，提升他们跨文化交流、沟通和合作，以及参与国际竞争的能力，以适应上海市和国家的社会和经济发展的需要。

根据上述大学英语的课程性质和教学目标的确定，《框架》进一步指出，上海市各高校的大学英语教学的主要内容是"学术英语"，认为它具有帮助大学生从高中通用英语过渡到大学应用英语进行专业学习的不可或缺的桥梁作用。学术英语又被细分为通用学术英语（English for General Academic Purposes，EGAP）和专门学术英语（Englishfor Specific Academic Purposes，ESAP）两种。前者主要训练学生各学科通用的学术口语交流能力和学术书面交流能力，如听讲座、做笔记、报告展示、撰写文献综述和课程论文、参加学术讨论等能力。后者是以某一特定学科领域（如金融、法律、工程、医学等）为内容的英语教学，但主要注重这一学科的特定语言（如词汇、句法、篇章、体裁）和工作场所交流技能的教学。

以复旦大学为代表的上海市一些高校对学术英语的教学进入了实施阶段，并在此基础上不断地对学术英语教学的各个环节进行深入细致的研究和探索，并积极地将已取得的经验和成果与全国其他同类院校分享和交流，希望在一定范围内推广学术英语教学，实现优势互补和资源共享。无独有偶，在北京市的一些高校（包括清华大学、中国政法大学等）也在逐步开展学术英语教学的实践和探索，并和上海、天津及其他地区的高校就学术英语教学形成了有益的交流与互动。

但同时也应该看到，学术英语教学并不一定适合所有高校的外语人才培养的需要。学术英语教学适合于科研基础和水平较高的综合类大学或研究型大学，目的是为了培养具有国际视野和国际学术交流能力的研究型人才。将大学英语教学的内容地位方向确定为学术英语，并以学术英语为导向实行分科教学，代表了一部分高校和外语教育工作者对大学英语教学的一种观点，很值得在教学中进行试验并在实践中不断完善。

第二章

大学英语教学基础理论

随着我国经济发展的速度越来越快,人们的思想也逐渐发生改变,对教育越来越重视,尤其是在英语教学方面提出更高的要求。本章论述大学英语教学的相关学科和基础理论,分析大学英语教学的体验性与自主性,并对大学英语教学中的基本关系、原则要求进行探究。

第一节 大学英语教学的相关学科和基础理论

一、英语教学的相关学科

（一）比较语言学科

比较语言学诞生于欧洲,兴起于18世纪中后期,所以又被人称为历史比较语言学。它研究的目标是欧洲的各类语言系统,主要工作分为两个方面:第一,对各类语言进行比较,目的在于获取它们的共同母语,俗称确定亲缘关系,以便于提升语言教学的作用。具体分为以下两个步骤:①对语言产生的历史、语言发展的阶段进行对比，②分析语音和词汇以及语法的不同点或者关联性。第二，寻找语言发展的原因，分析语言历史上语言的变化阶段，尤其是对语言有重大影响的阶段等。自1800年后，比较语言学在帮助印欧语的研究中，起到了不可替代的作用。

（二）社会语言学科

社会语言学是人类文明发展诞生的产物，研究者认为，社会语言学是人类社会交际功能的必然体现。对其研究主要有两个方面：一是语言具有的人际交往的社会本质；二是不同种语言中存在的差别。研究者在探寻的过程中认为，儿童学习母语，其本质就是社会化的体现，交际能力因此被研究者海姆斯提出，交际能力即为社会化交往所需要的能力，其中包括了语言的能力。

（三）心理学科

1950年，以华生（J. B. Watson）和斯金纳（B. F. Skinner）为代表，在全美国掀起一股研究心理学的热潮，自此，行为主义心理学诞生。行为主义心理中的行为是指，人们在所处环境的刺激作用下，进而表现出的反应。这其中，研究者认为，可以把环境当成刺激，在此条件下，行为人的行为是反应的体现，这种反应是后天环境所塑造的。这个理论在后来取得了重要的作用，最著名的就是巴甫洛夫提出的条件反射理论，还有随后斯金纳创造的操作条件反射，对人类的发展起到极大的作用。

1950~1960年，美国掀起一股学习人本主义心理学的热潮。其中以马斯洛（A. Maslow）和罗杰斯（C. R. Rodgers）为代表。研究者认为，人本主义心理学主要由两方面构成，分为思维和情感。学习活动也是在此基础上进行的。行为人学习时，大脑产生认知，即思维开始运转，并且行为人心理产生活动，伴有情感出现。人本主义心理学对这一现象的阐释是，思维是认知因素，情感是情意因素，二者同时产生，同时发生作用，并且互相作用，相互影响，缺一不可。因此，如果单纯以认知或者情感来进行某项学习是无法做到的。这一结论对今后美国的教育起到了至关重要的作用，并且为美国的教育发展指引了明确的方向。既教学应注重教学过程和教学方法，而不是教学的结果和教学的内容。就是旨在教学时帮助学生共同学习，用理性思维的认知和互相交流的情感（师生之情、朋友之谊）来促进学习，这是学习过程的关键之处，也是学习的目的所在。

人本主义的理论，主张学习者在学习中处于主要地位，强调以学生为核心、以教师为辅助的教学方式，认为学习的过程就是让行为人体会学习本身对于个人的意义。

人本主义学习理论认为学习是个人自主发起的，对学习本质的揭示是从人的自我实现和个人意义的角度加以描述的，本质上是个人在学习中获取的知识，并作用于自身而引起变化的活动，体现出个人对自我的塑造、提升和发展。

人本主义理论的创始人马斯洛、罗杰斯等，根据这一原理，对人们的学习方式提出了十项原则。

（1）人的好奇心是天性使然，人类自出生时就具备学习的潜能。

（2）如何让学生认为学习是一件有意义的事情，关键是要将学习内容与他们自身的目的相关联。

（3）不要轻易怀疑学生的学习态度和他们的学习信念，这样会使学生产生抵触情绪。

（4）等级评分必然会带来歧视和嘲笑，只有在完全轻松、互相支持与鼓励的环境中，才能让所有的学生积极学习。

（5）对学生最有利的学习环境是富有安全感，而不是挫败感，这样学生才能全身心地投入到学习中，才能集中注意力，才能取得进步。

（6）学习的最大价值体现在共同参与中，而不是听讲，是在做中学，在学中会。

（7）培养学生的责任心非常重要，他们会对自己有要求，这样有助于学习。

（8）最深入的学习方式往往是由内心深处的渴望引起的，显然，只有他们自己愿意，才能做到。

（9）不要随意批判学生，只有学生自己才有这个权利，这样学生才能独立自主地学习，才能保有学习热情。

（10）学习知识不是固有的公式，而是一个积极实践的过程，是一个开放的学习环境，是自我内化于心的知识积累。

人本主义理论将学习的过程视为情感与认知的交流与融合，以此作为人类学习的目的所在。人类学习中，情感和认知缺一不可，并且不能单一而论。一个完整的学习过程就是紧密地围绕教育者与学生彼此的精神交流的过程，教师不能向学生灌输式地传授知识，也不能将教学分成阶段性的课程次序，要努力培养学生的自学能力，并且将自我学习能力不断地进行巩固提升。因此，教学的重点在于让学生共同参与的学习过程，而不是采取教师单方面进行知识灌输的方式。

二、大学英语教学基础理论

（一）发生认识论

发生认识论是皮亚杰（J. Piaget）的主要理论，他是日内瓦学派的主要创始人之一，针对儿童心理进行研究，结合了其他方面的学科研究，从而得出认识论的理论，它主要是结合历史，研究社会的形成，根据认识依据得出结论等。皮亚杰将发生作为其理论的核心，研究覆盖多个层面，其中包括对人的智力、思维以及心理等。皮亚杰认为，人的智慧无论高低，都可以溯及以往，关键是看人类出生后，思维是如何形成的，以及是如何发展的，并且会受哪些因素的制约，还有关于思维的构造是如何产生的问题等，都成为他研究的方向。

（二）建构主义基本理论

建构主义理论的创立，是在认知主义的基础上做了进一步挖掘，并从认识论出发，进行了构建性原则的研究。其中，皮亚杰、科恩伯格、斯滕伯格、卡茨是建构主义理论的主要代表。其理论的核心在于，让学习者作为构建者，通过发挥其主体作用展开学习活动，教育者为其提供帮助。这里指出，教育者必不可少，但教育者也只能起到辅助作用，而非知识的灌输者和主体者。只有学习者才是建构者，要充分承认学习者的主体地位。

建构主义是学习理论中行为主义到认知主义的进一步发展，其基本观点是强调学习者基本与世界相互作用的经验及意义，积极建构自己的知识。在建构主学者看来，学习的意义在于对知识的建构，建构的主体必须是学习者，因此，学习并非单纯的知识的灌输，而是学习者探讨、交流、合作之后得出的成果，是一个自我及团体对知识构建的过程，所以它既是自我行为，也是团体行为。学习高度依赖于产生它的情境，与此同时，建构主义也强调以学生为中心，构建主义提出了两个方面的变革：第一，对于教师在授课时地位的转变，由代表知识权威的人转为帮助学生构建知识的辅助者。第二，学生由被动接受知识的一方变为主动构建知识的主导者、参与者、合作者。因此，构建主义的理论创始人提出，学生就是构建者，要在学习中发挥其自主性，并且善于提出问题，要有主动谋求合作的能力；对于教师培养学生的过程，可以开展四种学习方式，帮助学生更好地对知识进行构建。

1980 年后，建构主义仍停留在理论的层次，缺少实战化的经验。1990 年后，多媒体和网络时代到来，为建构主义的理论研究提供了支持，从而帮助建构主义的教学思想真正实现。

（三）语言学理论

乔姆斯基提出转换生成语法，他指出这是语言能力，而不是语言的运用。他认为，生成语法的目的在于做出语法理论，帮助人们选择正确的语法，并且提供标准依据。它的核心要义是指，语法能够生成该语种的所有句子。他强调语言能力能体现出人们对某种语言的掌握水平，语言运用代表在运用时的能力体现。在通常情况下，语言能力与语言运用并不能有直接联系，因此两者之间没有直接反应。乔姆斯基认为，对于语言能力与语言运用，索绪尔与他提出的语言理论有相同之处，但是索绪尔提出的范围广，而他主要是对两者运用的研究。乔姆斯基强调语言能力的创造性，并认为语言能力的创造是一种过程。

（四）第二语言习得理论

1. 习得—学习基本假设

从语言应用方面上看，习得与学习不能混为一谈，它们对学习者而言，有不同的作用。一方面,习得知识是学习者通过对语言理解和表达来掌握知识和能力;另一方面,学习知识是大脑对知识的填充,并用来分析说话时语言是否正确,判断其话语的含义,目的在于获得并积累语言知识和规则。

2. 监控假设理论

因为语言习得和语言学习两者并不相同。语言习得是指在潜意识的情况下进行表达,反映出人的能力水平。语言学习是运用行为人主观能动性,有意识地对语言知识进行学习积累,在运用时有监控及编辑的功能。其中,监控功能的出现可以在说、写的前与后。监控假设与两者联系密切,也能反映出两者的内在关系。

3. 输出假设理论

对于第二语言的习得,学者们各有不同的观点。克拉申(将合理的语言输入作为语言习得的重要因素,但是,语言习得中起到关键作用的是语言输出,并且提出他在加拿大的"浸泡式"实验依据。实验主要是将第二语言当成别的学科工具,语言获得就是伴随产品,他的实验表明:他将学生处于某种语言环境中,采取"浸泡式"的学习方式,几年之后,他们并没有掌握该语言的使用能力。因此,克拉申将这一现象归结为语言输出的能力不足所造成的,但是斯温纳并不认同,他认为造成这种现象的原因有诸多因素,而语言输出仅仅体现出习得的语言上的个人能力问题。

第二节 大学英语教学的体验性与自主性分析

2004年1月,国家教育部高等教育司颁发了试行的《大学英语课程教学要求》(College English Curriculum Requirements),明确了当前我国大学英语教学的性质和目的:是以英语语言知识与应用技能、学习策略和跨文化交际为主要内容;以外语教学理论为指导,并集多种教学模式和教学手段为一体的教学体系。

在大学学习阶段,对于英语科目的授课要求,要重点侧重于开发学生在听、说、译、写、读等多个方面的多元化应用能力,不要仅局限于对单一的英语语法等基础知识的授课和讲解。这样可以使学生掌握更加丰富的学习方法,实现超越文化交际的学习目标。这就要求在大学学习阶段,不断拓展多种教学手段和新颖的教学模式,达到以往传统教学模式所不能及的教学效果。

与传统的教学思路和教学方法相比,体验性与自主性的教学理论有着很多不同之处,其不同可以从教师的课程设计与学生学习过程、教师与学生之间的关系及起到的作用、知识观念和学习观念以及对学生学习结果的评估与测试等方面体现出来。

对于在教学过程中所强调的体验性和自主性来说,它更多地侧重于教师在授课过程中的感受,以及学生在接受知识过程中起到的作用。它展示出了新的人文化的教学理论,去除了在传统授课过程中填鸭式的满堂灌的教学方式,真正激发出了学生在学习中的自主性,并同现阶段各种先进的网络教学手段相结合,为教师更好地实施个性化教学提供帮助,同时,也对现在及未来的大学英语教学体系的日趋完善起到推动作用。

一、体验性和自主性的教学理念

所谓体验性教学,是在教学过程中,做到以学生的学为核心,在学生接受教育的过程中,充分体现学生在学习中的主体地位,积极参与学习过程,吃透学习内容,使学生从开始学习到完全接受,把主体性贯穿于学习的整个过程,而此时的教师,只需要去做一名训练学生技能的引导者和组织者,让学生充分体验学习的过程,以学生为中心,精心策划和组织开展关于教学的各项活动,尤其要从根本上转变过去的说教式、命令式,以及满堂灌、填鸭式等以教师为中心的、不符合学生学习思路的教学方法。让每名教师结合自身积累的教学经验,按照教材所涉及的内容,联系学生的学习实际,设计出既生动有趣,又具有很强的针对性,还能取得实际效果的丰富多彩的英语学习训练课程,真正让学生的学习过程成为体验的过程,实现"教为练,练为用"的教学目标。常言道:"活到老,学到老",此话深刻表明了学习是每个人终身面临的任务,教育伴随着每个人一生的成长过程。因此,学校教育的根本目标就是要使学生成为独立、自主、有效的学习者。自主性学习被认为是实现终身教育的一个重要途径,近年来,在大学外语教学中，培养学生语言学习的自主性受到了越来越多的关注，对自主性理论的研究也更加广泛和不断深入，课堂教学的模式由传统的以教师为中心逐渐转向以学生为中心，确立了学生在教学中的主体地位。培养学生独立自主的学习能力被视为教育的根本目标，不仅有利于提高学习的效果，减轻学习的负担，而且可以通过培养学生独立学习的良好习惯，自身承担学习责任的能力，为实现终身教育打下坚实的基础。基于以上学习自主性给教育教学所带来的良好的实际效应，教师在课堂教学中应该把培养和开发学生学习的自主性作为教学的根本任务，构建良好自主性学习空间，充分发挥学生的主观能动作用，从根本上提高教育教学质量。

在教学过程中，要想使学生全面掌握所学的英语知识和使用技能，大学的外语授课教师要真正把学生作为学习的主体来设计教学指导思想，在教学活动中注重及时更新教学理念，充分融入体验性的教学理论，大胆实施外语教学的改革。早在2002年，我国教育部就正式批准了一些出版社出版大学英语网络教材，在全国80所高校开展教学实验，这些出版社主要有清华大学出版社、上海外语教育出版社、外语教学与研究出版社以及高等教育出版社等多家著名出版社。与此同时，北京大学也积极参与外语教学改革，出版了大学英语立体化、网络化的一系列教材，引起了不少英语教师和有关专家的高度重视。这一系列教材的出版，直观落实了《大学英语课程教学要求》，对于大学英语教学改革起到了非常重要的作用。正如胡壮麟先生（2004）所说："《教学要求》除了能更好地指导我国当前大学外语教学外，其更深层次的意义，是它实际上描绘了我国在新世纪外语教育改革的蓝图。对《教学要求》进行剖析，我们可以从字里行间看到这个文件融合了不少新的教学理念，主要是个性化、协作化、模块化和超文本化。"无论是教育部所提出的《大学英语课程教学要求》，还是新近所推出的系列化、立体化教材都融合了新的教育教学改革思想，体现出了21世纪我国大学外语教学不断创新和发展的新趋势。①

二、审视教学对象

在传统的课堂教学模式中，往往是以教师为中心，教学设计更多的是学生被

---

① 常小玲．"产出导向法"的教材编写研究［J］．现代外语，2017（3）：71-80+150．

"灌输",而我们这里所讲的体验性和自主性的教学理论,就是要彻底扭转这种模式,真正实现以学生为主体,让学生体验和参与整个教学过程的教学思路。

一说起教学的改革,人们第一时间想到的是如何改变教学方法与手段,丰富教学内容与形式,似乎对这些方面关心得更多,而真正考虑到受教育者感受的,还为数不多。

不得不让人深思的是,当下这个飞速发展的时代,让大学里接受教育的学生的群体特征正在悄然发生着巨大变化,这些变化正在迫使教学理论的制定者们必须改变原有的教学套路。认识到大学生群体诸多差别的存在,才能在开展以学生为中心的体验性和自主性教学设计中,充分地展现个性化教学的积极效果。第一,年龄上的差别。不断改革的高考制度,让参加高考的学生年龄跨度日益增大,从不断跳级的"神童"到白发苍苍的老者,都有资格迈进大学的校门。第二,水平上的差别。只要高考的总分达到分数线,便可被录取,其中有些学生的英语偏科,在总分数的"掩护"下,进入大学后学生的实际英语学习水平良莠不齐。第三,学习背景的差别。不同的学习环境,对学生外语的学习起到了直接的影响。生活在比较有条件的都市和偏远的农村地区,学生外语学习或多或少会存在一定的差异。第四,学习经历的差别。或许从某种方面可以这样说,不同的家庭条件为学生的英语学习创设了不同的环境,有的学生可以有更多的条件接触到课外英语教育机构的训练,而有些学生则在起跑线上便被远远地甩在了后面。第五,需求的差别。对于学生学习外语的出发点,这种差别主要反映在多个方面,反映在主观学习和客观学习方面、长期需求和短期需求方面、内在需求和外在需求方面。

作为教师,在授课过程中,要尽量克服呆板的应试教学,要充分与学生未来走向社会后的需求进行结合,注重开发学生使用英语的技能和学习英语的方式方法。我们这里所推崇的体验性教学,就是充分展示学生的学习主体地位,让他们做学习过程中的主角,在整个学习过程中充分参与、大胆提问,并自己寻求解决的方法和答案,如同吃饭一般,要自己动手把饭吃下去,再通过运动等方式,充分消化掉,而此时的教师,只需要充当教学过程的主导者,把学生引领到知识的大门前,并给予他们充分的自信,然后放手,让他们自己打开大门,通过积极体验,在知识的海洋里任意徜徉。这时的教学过程,就如同吃饭消化,要注重学生能消化多少的问题,而不是教师往碗里给他们添了多少饭的问题。这就是和以往

"满堂灌"教学模式不同的地方,并不是面前碗里的饭越多越好,而是学生真正能消化掉的越多越好。要真正关注学生的"学",而不要把全部精力都放在教师的"教"。

在真正的体验性与自主性教学模式中会发现,如果能让学生真正把所学的知识消化掉,那么学生通过体验所学的知识,往往比教师硬性灌输下去的知识量大得多。

由此可见,通过体验性与自主性教学,学生会寻求到适合自己的学习方法。教师也可以通过这样的教学过程,发现每名学生的学习特点,以及在学习过程中所蕴含的巨大潜力。当这种潜力被教师反过来有针对性地运用到教学设计中时,便会更大程度地发挥出体验性与自主性教学的优越性,达到学生乐学、教师乐教,形成周而复始的良性循环。最终扭转过去教师教得辛苦、学生学得不易的不良局面,让教师和学生都能从过去不利模式中彻底解放出来。

三、将教学与体验相结合

在大学英语教学中,如果倡导体验性和自主性教学方式,首先必须确立以学生为学习主体的核心地位,围绕学生的学习,在教学设计的个性化、培养学生学习的自主性方面狠下功夫。

在国外,有一种"个人建构"(Personal Constructs)思想学说,是由心理学家 Kelly 提出的。他指出,给学生布置学习任务时,要根据学生自身的特点,施以不同的个人建构方法;而对于大学英语教学也不例外,这就要求教师充分兼顾到每名学生的个人学习特点,在教学过程中,尽可能设计因人而异的教学方法,充分调动起学生的学习积极性,帮助学生营造有利于他们学习的教学环境,建立适合他们学习的个人建构。努力做到尊重学生的学习方式和学习方法,这是体验性教学在帮助学生建立个人建构主义思想,营造良好的学习空间时,最根本的目标。

当真正把体验性教学融入教学设计当中时就会发现,同以往的传统教学模式的"教师教,学生学"相比,体验性教学不但在内容、形式以及教学进度等方面存在着不少差异,而且所取得的教学效果也大不相同。

在当今社会，大学生在时代背景的衬托下，展现了积极向上、自主学习的良好精神面貌，所以，学校要充分借助这一有利形势，积极探索适合学校，同时又适合学生的个性化的教学模式，要确保这种教学模式行之有效、掷地有声，体现在实实在在的教学效果上。在这个过程中，教师的作用就是设计教学过程的总导演、总设计，并集监督、指导于一身，要利用自己所有的知识储备，引导和激励学生充分体验学习知识的乐趣，当好他们的护航者和领路人。但要注意的是，教师在整个过程当中，还要及时关注学生的学习动态、学习状况和学习结果，适时调整教学方法，保证最佳的教学效果。

同时，作为学习主体的学生，在参与体验性学习的过程中，也要注重总结个人在英语学习中所积累到的学习经验，形成具有指导性的英语学习规律，充分体现学习者在整个学习过程中的参与性和体验性。

四、培养学生的学习自主性

一般来说，大学生在小学、中学阶段已经历了九年的外语学习过程，掌握了基本的词汇和语法知识，积累了一定的学习经验，因此，大学阶段的外语学习就不能还停留在原有的词汇和语法知识的传授与学习的状态，而是应该培养学习者自行管理学习的能力，特别是要在整个学习过程中发挥出个人的潜能，合理做出自我选择、正确做出自我评价以及进行自我补救的能力。

学习者由过去受支配地位为现在的学习主体地位，由原来的依赖性变为独立的自主性，真正变被动学习为主动学习。首先应该学会有计划地安排自己的学习活动，达到自我制定的学习目标，学会运用正确的学习方法与策略，坚定自主学习的成功信念，使语言学习本身变得更容易、更快捷、更愉悦、更有效；其次把所学到的知识更灵活和更广泛地应用于未来的不断发展和变化的社会之中。

那么，学习者究竟怎样才能做到自行管理或者主动承担学习责任？大致可以概括为以下五个方面：①确定学习目标；②限定学习内容和学习进度；③选择可行的学习方法和技巧；④监测习得过程；⑤评估所学内容。

我们在大学英语的教学实践中对学生的自主学习进行了具体的指导与训练，其中包括学习目标，以及各目标的初、中、高等不同程度的要求，学习内容中包括听、说、读、写、译，还包括学习所使用的教材以及补充的材料，在学习安排中，要求学生要落实到时间、地点安排及参与学习的成员等，学生经过了几年的外语学习实践，初步了解或掌握了一定的学习方法与策略，因此学生具有一定的能力确定自己的学习方法及策略，在学习过程中，根据实际，学生可以自行调整或修改其内容，在评估所学内容中，包括评估手段、评估结果。

在监测学习过程中，特别注重以下几个方面：①产生的问题；②遗留的问题；③解决的问题；④希望教师答疑的问题；⑤希望同学帮助的问题。了解这些问题有利于老师及时跟踪学生，及时发现问题，协助学生顺利完成自主学习的任务，取得能够自我展示的成果，并呈现出他们希望所能给予展示的方式和范围，包括个人、小组、班级及其他方式，最后一个环节是总结。

一般来说，成功的语言学习在很大程度上取决于学习者本人在时间、精力上的投入以及对语言学习产生的兴趣和对学习的自主能力，教师在课堂上单纯进行知识讲解产生不了这种直接的学习效果，显然不利于培养学生独立的学习能力，结果只会使学生对课堂及教师产生强烈的依赖性，从而导致学生对语言学习失去兴趣，缺乏学习的自信心，最终失去开发自主学习或自我发展的机会，这种教学的后果不堪设想。

相反，如果学生能够对自己的学习活动事先做出计划与安排，并能对其学习过程进行监察、评估、反馈，同时还能对其学习活动给予调节、修正和控制，只有这样才能充分体现出学习的自主性。

学会和运用学习策略是实现自主性学习的有力保障。自主性学习具有其独立性，学习过程中，如果学生缺乏解决问题的方法或策略，学习活动就不能顺利进行下去，就会半途而废，制定的学习任务也不能圆满完成，因此，了解和掌握并能熟练地运用适当的学习策略在自主性学习过程中显得极为重要。

学习策略可分为两类：一是适用于任何学科的一般性策略，包括分解学习目标、管理学习时间、理解学习内容、调控学习情绪、培养学习兴趣等。二是适用于某一学科的具体学习策略，如听写、复述、改写、列提纲、作小结、综合概括、画图展示等。具体到语言学习的策略，根据其使用目的可以分为语言知识学习策略（语音、词汇、语法等）和语言技能发展策略（听力理解、口语表达、阅读理解和写作等）。Oxford把学习策略分为六个大类，其中三个大类为直接策略，另外三个大类为间接策略。

Oxford的语言学习策略分类被很多人认为最容易理解和接受,并且被广泛应用到了语言教学实践中。让学生掌握一定的学习策略,毫无疑问,可以减少学习的困难,减轻学习负担,大幅度改进和提高学习效果及教学质量,最大限度地优化学习过程,使学生的自主性得以发展,据此,培养和训练学习者的学习策略是实现自主性学习的有力保障,学生不仅要知道学习什么,而且还应知道怎样去学,学习者的自主能力才能得到不断强化,总而言之,学习的自主水平越高,学习过程就越优化,学习效果就会越好。

需要注意的是,在开展体验性教学过程中,要大力提倡改善以往传统的教师和学生的教与学的关系,倡导学生自主性学习,但并不是说教学活动只体现学生体验这一个方面。作为主导的教师,也要充分发挥作用,配合学生的自主性学习,同步开展教师的因材施教,这两者是相辅相成,而不是相互制约的,最终的目标是构建起师生之间,一种更为崭新的互助合作的关系。

教师开展个性化教学,就是不局限教师的教学手段,而最终为教师拓展出更为广阔的因材施教的教学空间,更加便于让教师照顾到每个学生的个人特点,拉近教师和学生之间的关系,使教师的教学更加具有灵活性、针对性和指导性,最大限度地避免"一刀切"的教学效果。让教师和学生共同参与到教学过程中来,同时成为教学这一活动中的主人翁,共同体验教学过程,分享教学成果。教师在教学中不仅充分地利用了这些材料而且极大地丰富了自己的教学内容;同时学习者彼此之间也产生了互动的影响,为其他学习者提供了有益的学习方法和经验,能够给予他们一些新的启示,帮助他们消除英语阅读的障碍,真正使体验英语从量变到质变,实现新的飞跃。

尊重和倡导学习的自主性是实现终身教育的重要保障。未来社会的发展要求人们必须迅速适应变化的环境,只有不断自我发展才能提高这种未来的生存能力,而传统教育只强调对在校学生进行知识的灌输,这些知识不可能使学生终生受用,远远不能满足现代社会的需求,所以现代教育的目标更加注重人的能力和素质的培养,学校教育要为终身学习提供所需要的自主学习的能力。

终身教育要求人们必须继续学习,不断更新知识,这就要求必须具有独立于教师或课堂之外的自主学习的能力。在大学里,学生的语言学习时间十分有限,不可能在短期内学到所有的语言知识,因此,为了满足未来社会的发展与需要,使学生今后能够不断地学习和更新自己的语言知识,在校期间就要培养自主性的学习能力。

另外,由于学习者之间所存在的个体差异,包括语言能力差异、认知风格和认知策略差异、学习动机和学习需求差异等,要求在外语教学实践中不能采用传统"一刀切"的方式,而要注重和尊重学生的个体差异,让学生自我了解,才能做到自我发现。

第三节　大学英语教学中的基本关系

一、英语与汉语的关系

每个国家或民族都有一种或多种语言作为母语最先被人民接触和学习到。我国通用的母语是汉语,我国的学生在学习英语之前,一般都会掌握汉语的基本语法,同时可以正确并熟练地使用一定量的汉语词汇,具备一定的汉语听说读写能力,可以通过汉语与其他人进行交流沟通。英语对我国人民来说,是一门外语,作为目标语来学习。在分析作为目标语的英语和作为母语的汉语两者之间的关系前,需要先了解一个概念:迁移。迁移这个词被用于语言教学研究之前,是心理学中的一个学术用语,意思是学习者在学习新知识、新技能时,会受到已经掌握、拥有的知识和技能的影响。在20世纪中期,迁移的概念被引入语言教学研究中,人们普遍认为,外语学习会受到已经掌握的母语的影响。外语学习者常常会把迁移作为一种学习策略,从迁移的角度出发,利用已经掌握的语言知识,帮助学习者理解和学习新的语言。在我国,迁移这种学习策略,经常被应用到英语学习当中,学习者通过汉语知识来理解英语知识,这种方法在英语初学者当中使用得最为普遍。在学习者刚刚接触英语时,对目标语的语法规则并不了解,通过汉语迁移可以帮助学习者学习理解所学的内容。迁移的作用有可能是正面的也有可能是负面的,如果目标语的学习受到了母语的正面影响,则称为正迁移;如果目标语的学习受到了母语的负面影响,则被称为负迁移。在迁移现象的研究中,有三种主要的理论,包括对比分析假说、标记理论和认知理论。对比分析学派认为母语和目标语的差异会导致负迁移的发生。Weinreich 指出,"两种语言(母语和目标语)相似引起正迁移;两种语言相异引起负迁移"。学生在接触一门外语时会发现该语言的有些特征相当容易掌握,而掌握另外一些特征则极其困难。其中,与其母语相似的成分简单,而相异的成分困难。除了母语和目标语的异同之外,在考察语言的迁移问题时,还要考虑母语在什么阶段、在什么条件下影响目标语的学习。这里要提及两个重要的非语言因素对母语知识何时会干扰第二语言习得的过程起着决定性作用:一是环境,二是学习阶段。从学习阶段来看,在初学阶段,学习者由于缺乏足够的目标语知识,在表达中往往更多地依赖母语,因此这一阶段有可能较多地出现母语知识的负迁移。中国学生在学习英语的过程中,语言迁移表现在语音、词汇和语法等各个层次上。①

(一)语音迁移

语音迁移是语言迁移中最为明显也是最为持久的现象。"人们普遍认为第一语言对第二语言习得具有很强的影响,最为明显的证据就是第二语言学习者的外国口音"。英语和汉语分属不同的语系,两者在语音方面存在很大的差异。第一,汉语是一种声调语言,用四声辨别不同的意义。而在英语中,语调起着非常重要的作用,这一点很容易给北方方言的学生造成特殊的语音语调的困难。第二,英语和汉语的音素体系差别较大,两种语言中几乎没有发音完全一样的音素。

(二)词汇迁移

初学英语的人很容易认为英汉语的词汇存在着一一对应的关系,每个汉语词汇都可以在英语中找到相应的单词。其实,一个单词在另一种语言中的对应词可以有几种不同的意义,因为它们的语义场不相吻合,呈现重叠、交叉和空缺等形式。例如,汉语中的"重"一词在英语里有"heavy"与之对应,但是"heavy"

---

① 陈秀明,祁颖,谷珍. 基于"产出导向法"的大学英语教学研究述评[J]. 教育现代化,2018,5(17):203-206.

的意义与"重"一词并不是完全吻合的,在英语中,我们可以发现许多表达方法,并不是汉语中的一个"重"字所能解决的。初学英语的人往往会把汉语的搭配习惯错误地移植到英语之中,于是出现了许多不合乎英语表达习惯的句子。英汉两种语言文化的差异也会导致两种语言词汇意义的差异。除少量的科技术语、专有名词在两种语言中意义相当之外,其他词汇的含义在两种语言中都或多或少地存在着差异,这些差异都有可能导致负迁移现象的发生。

(三) 句法迁移

句法就是组词造句的规则,也就是传统所说的语法。英汉两种语言在句法方面有一些相同之处,同时也存在着很大的差异。首先,汉语是一种分析性语言,没有严格意义上的形态变化,主要通过词序和虚词的使用来表达各种句法关系。英语和汉语的这种差异很容易导致中国的英语学习者的困难,尤其是对于初学者来说,他们很容易受到汉语的影响,在使用英语时忘记词汇形态的变化,如名词的单复数、代词的主格与宾格形式、动词的时态变化等。其次,英语重形合,句子中的词语和分句之间常通过语言形式手段(如关联词)来表达意义和逻辑关系。汉语则重意合,其意义和逻辑关系往往通过词语和分句的意义表达。受此影响,中国学生在使用英语时常按照汉语的习惯只是简单地把一连串的单句罗列在一起,不用或者很少使用连词。最后,英语和汉语在静态和动态方面也呈现出一定的差异。英语多倾向于用名词,因而叙述呈静态,而汉语多用动词,其叙述呈动态,例如,"He is a good eater and a good sleeper."这个句子中只用了"eater"和"sleeper"两个名词,而相对应汉语应该是"他能吃能睡"。如果要求学生把这个汉语句子译成英语,他们首先想到是"He eats and sleeps well"。英语名词化的特点使许多中国学生感到不适应,在写作中这一点表现得最为突出。

迁移并非总是坏事。有时候,由于英汉两种语言之间存在着很多相似或者吻合的地方,中国学生在学习英语时可以利用已有的汉语知识,促进英语的学习。例如,汉语中的形容词都位于它所修饰的名词之前,而英语也同样如此,当学生学习了"beautiful"和"flower"两个词之后,就会很自然地说出"a beautiful flower"。英语和汉语句子结构的相似性也使正迁移成为可能,黄传庆指出英语和汉语中有五种基本的句型是相同的。

(1) S + V + Predicative。

e. g. He is a student.

他是个学生。

(2) S + V + adverbial。

e. g. He works hard.

他工作努力。

(3) S + V + O。

e. g. He studies English.

他学英语。

(4) S + V + indirect O + direct O。

e. g. I sent him a letter.

我寄给他一封信。

(5) S + V + O + C。

e. g. He teaches us to study English.

他教我们学英语。

这些虽然都是简单句,但是几乎所有的复杂句都是建立在简单句的基础之上的,这就使中国学生在学习英语时可以利用汉语知识,实现正迁移。

与汉语和英语的关系这一问题相关的还有语言的社会功能问题。一个民族的母语是其民族的特征之一,母语教学对于培养学生的爱国主义情感具有重要的意义。如果因为外语学习而忽视了母语的学习,就会导致严重的后果。在新加坡,许多有识之士指出,新加坡20年来母语教育失败是造成社会凝聚力低的问题之所在。实际上,在我国国内,类似的问题也同样存在,一浪高过一浪的出国潮也与此存在着一定的关系。

在处理汉语和英语的关系方面应该注意以下两个问题。

第一,在全社会重视英语教学的同时,绝不要忽视汉语的学习。经济的全球化和科学技术的国际化正在成为新的时代特征,英语作为国际交往中最为重要的交流与沟通工具,其重要性已经为越来越多的人所认识。目前,中国人学英语的热情空前高涨,从咿呀学语的幼儿到白发苍苍的老人,学习英语者不计其数。从幼儿园一直到大学,英语教育都是教育主管部门和学校领导所关注的重点问题之一。与此同时,剑桥少儿英语,全国公共英语等级考试,全国四、六级考试等国内外各个层次的英语考试也为英语学习的热潮推波助澜。另外，为了满足人们英语学习的需求，各种各样的教学方法、丰富多彩的学习用书、音像制品和软件也应运而生。这有利于创造良好的英语学习环境，培养具有国际竞争能力的高素质人才，提高我国在国际竞争中的实力。这无疑是一件好事，但这样的环境很容易给人们，尤其是中小学生（包括许多家长在内）造成一种错觉，认为英语比汉语还重要，从而忽视汉语的学习。不重视英语是错误的，而因为重视英语而忽视了对自己母语的学习也同样是不正确的。①

第二，克服负向迁移，促进正向迁移。在对待汉语和英语之间的关系方面，有两种截然相反但都不可取的态度。一种是依靠汉语来教授英语，这显然是不可取的。英语教学的目的，首先是培养学生使用英语进行交际的能力。这种能力必须使学生大量地接触英语和使用英语才能获得。而英语教学的课时有限，要想在有限的课时内，最大限度地使学生接触和使用英语，就必须尽可能地使用英语进行课堂教学。对于中国的英语学习者来说，汉语是他们的母语，学生在学习英语时会自觉或不自觉地与汉语进行比较，如果在教学过程中过多地采用汉语，学生就会很难摆脱对汉语的依赖，养成一种以汉语作"中介"的不良习惯，在听说读写等语言活动中会不断地把听到的、读到的以及要表达的英语先转换成汉语，这样就很难流利地使用英语，也不可能写出或讲出地道的英语。另一种是完全摆脱汉语，全部用英语教学，这不仅难以做到，而且也是不可取的。英语课堂上使用汉语要注意以下几点：①汉语作为教学手段，使用方便，易于理解，但是汉语利用不能过分。在解释某些意义抽象的单词或复杂的句子时，如果没有已经学过的词汇可以利用，可以使用汉语进行解释，另外也可以对发音要领、语法等难以用英语解释的内容使用汉语进行简要的说明。②利用英语和汉语之间的比较，可以提高教学的预见性和针对性。某些内容为英语所特有，学生学起来就比较困难，教师应该有针对性地将其作为教学的重点，适当增加练习量。对于两种语言中相似但又不相同的内容，学生很容易受到汉语的干扰，教师在教学过程中要多加注意。

---

① 崔红霞，吴小梅."产出导向法"在民办院校大学英语听说教学中的应用［J］.陕西教育（高教），2018（6）：18+20.

产出导向法视域下的大学英语教学研究

二、外国文化与中国文化的关系

语言与文化密不可分，语言具有丰富的文化内涵，英语学习中有许多跨文化交际的因素，这些因素在很大程度上影响英语的学习和使用。因此，《英语课程标准》把"文化意识"作为综合运用能力的一个组成部分，具体规定了各个级别对文化意识的具体要求。

根据《英语课程标准》关于"文化意识"方面的要求，我国英语学习者在小学阶段，应掌握的知识和具备的能力包括：了解简单的告别语句、问候语句以及称谓语；掌握一般的请求语句、赞扬语句，并能对其做出正确反应；了解认识主要英语国家中特别重要的节日；对主要应用国家的标志物有一定的认识了解；可以准确辨别各个主要英语国家的国旗，知道它们的首都是哪里；对重要的国际文体活动有一定的了解。

文化一词涵盖了世界观、人生观、价值观、行为方式、生活方式、风俗习俗、艺术、文学、地理、历史等各个方面，是物质与非物质的交杂糅合的产物。语言与文化具有密切的关系，这主要表现在三个方面：第一，语言是文化的重要组成部分。从文化的内涵来看，文化包括一个民族在长期的历史进程中创造的物质财富和精神财富两个方面，而语言正是精神财富的一个组成部分。第二，语言是文化的载体，因此它也是反映文化的一面镜子。语言反映一个民族的文化，解释该民族文化的内容。第三，语言与文化相互影响、相互作用。因此，理解语言必须了解文化，理解文化必须了解语言。

语言具有丰富的文化内涵，不具备文化内涵的语言基本上是不存在的。在一种语言中，从单词到语篇都可以体现文化的内涵。首先在单词的层面上，英汉两种语言具有很大的差异。还有些词只存在于英语中，在汉语中则没有相对应的词。另外，在英汉两种语言中，某些词语看起来似乎指代同一事物或概念，其实不然。例如，"service station"不等于"服务站"，而"rest"也不等于"休息室"。而且，某些事物或概念在一种语言中只有一两种表达方式，而在另一种语言中则有多种表达方式，例如，汉语有一个复杂的词汇系统表示各种亲戚关系，有姑妈、姨妈、舅父、外祖父、外祖母等各种词汇，而在英语中相关的表达方式要简单得多。对于某些词汇来说,英汉的基本意义大体相同,但是派生意义的区别可能很大。例如,"peasant"与汉语中"农民"意义接近,但是在英语中,"peasant"往往带有贬义,《新编韦氏大学词典》指出该词"一般指未受过教育的、社会地位低下的人",而《美国传统词典》则指出该词的意思为"乡下人,庄稼人,乡巴佬""教养不好的人,粗鲁的人"。

其次在短语、成语、谚语的层面上,英汉两种语言也体现出很大的文化差异。尤其是成语的问题更为复杂,《汉英词典》的主编之一王佐良教授在《一部词典的编后感》一文中写道:"把'布衣蔬食'直接译为'cotton clothes and eat vegetable food',在今天就会引起误解。'布衣蔬食'在中国标志着生活简朴,但在英、美国家并非如此。现在,蔬食远非穷人所专用,已是西方医生给饮食过量的百万富翁们开的药方了。"谚语是民间流传的至理名言,往往能反映一个民族的地理、历史、社会制度、社会观点和态度,例如,"要知山中事,乡间问老农""衙门自古朝南开,有理没钱莫进来"都带有明显的中国文化内涵,而"An apple a day keeps the doctor away"和"You can't teach an old dog new tricks"则具有明显的英语文化内涵。

英汉两种语言的文化差异还反映在日常谈话之中。在中国两个熟人相见,经常用"上哪儿去啊?"打招呼,直译成英语就是"Where are you going?"用这句英语来打招呼,大部分英语国家的人听了会不高兴,他们的反应很可能是:"It's none of your business!"这句话译为"不关你的事";人们在分手时通常说Good-bye,Bye-bye之类的话,而按照中国的习惯,在说"再见"之前,往往还要有一番客套语,如"走好""慢走"等,这些说法不能直接翻译成英语,否则听起来会让人感到很别扭。在英语国家,人们常常用名字直接称呼别人,如Tom,Michael,Linda等,即使年龄悬殊的人之间也可以这样称呼,但是在中国就不能这样做,汉语中的称谓要比英语复杂得多。听到别人赞扬时,美国人和中国人的回答也大不相同,美国人一般表示接受赞扬,而中国人则一般表示受之有愧。

英汉两种语言文化的差异也可以导致文化迁移现象的产生。文化迁移是指"由于文化差异而引起的文化干扰,它表现在跨文化交际中,或外语学习时,人们下意识地用自己的文化准则和价值观来指导自己的言语和思想,并以此为标准来判断他人的言行和思想"。文化的内涵分为三个层次:第一个层次是物质文化,它是经过人的主观意志加工改造过的;第二个层次是制度文化,主要包括政治及

· 41 ·

经济制度、法律、文艺作品、人际关系、行为习惯等；第三个层次是心理层次，或称观念文化，包括人的价值观念、思维方式、审美情趣、道德情操、宗教感情和民族心理等。根据这一分类，可以把文化迁移分为表层文化迁移和深层文化迁移两种。第一和第二层次的文化迁移大体属于表层文化迁移，因为这些文化要素是容易观察到的，人们稍加注意就可以感觉到不同文化在这些方面的差异。深层文化迁移是指第三层次中文化要素的迁移，由于它属于心理层次，涉及人们的观念和思想，所以在跨文化交际中不容易被注意到。与前面所说的语言迁移相比，文化迁移更容易给学生造成交际的障碍，因为本族文化根深蒂固，人一生下来就受到本族语文化的熏陶，其言行无一不受到本族语文化的影响与制约。

　　语言迁移可以分为正迁移和负迁移，文化迁移也同样如此，有正负之分。学习外语时，可以利用母语的迁移作用加以辅助，相应地，母语文化的迁移作用同样可以应用到外语文化的学习当中。在利用文化迁移学习外语文化的过程中，有许多需要注意的问题。首先，学习者在学习目标语文化、教育者在教授目标语文化的过程中，要不断与学习者的母语文化做对比，通过对比可以帮助学习者和教育者找到两者文化的不同之处，这样不管是学习还是教学，都可以更有目的性和针对性。其次，英语教学不仅是介绍和引进国外文化、知识、技术、科学等方面的人才，同时也担负着中国文化输出的任务。为了更好地培养学生的跨文化交际能力，帮助学生在外语文化学习时树立正向积极的心态，防止学生出现跨文化交际心理障碍，教学过程中还应加强中国本土文化的教育，防止崇洋媚外、文化自卑等错误心态的产生。最后，充分掌握汉语与汉语文化也是英语学习和英语交际能力不可分割的重要组成部分。我国外语界和翻译界的老前辈们的治学经历就很好地说明了这一点。王佐良、许国璋、周压良、李赋宁等英语界泰斗的成绩在很大程度上得益于他们深厚的汉语与汉语文化的根底。许多著名的翻译家如钱钟书、巴金、鲁迅、叶君健、杨宪益、萧乾等，他们本身就是中国文学作家，他们的译作水平也达到了很高的境界，这在很大程度上也是因为他们本身就是中国文化专家。

　　基于上述讨论，我们在处理外国文化与中国文化之间的关系方面，要注意以下几个问题。

　　（1）传授文化知识。从培养学生的英语交际能力的角度来看，英语教学不能是单纯的语言教学，还应扩大学生的视野，了解英语国家的文化和社会风俗习惯。因此，在英语教学中需要渗透有关文化知识的教育。从素质教育的角度来看，我们需要培养适应国际竞争要求的具有现代意识的人才，他们应该面向世界，思想开放，善于吸收其他民族的优秀文化，提高本民族的文化素质。在这一方面，英语教学肩负着不可推卸的责任。但是，文化知识的教育必须适度，应该渗透在英语教学之中，应该与英语教学相结合，不能为了传授文化而传授文化。在英语教学中，文化知识的传授主要通过在英语教学中导入文化的内容，主要方法包括注释、比较、融入和体验四种。注释是指在教材中对具有文化内涵的内容进行注释和讲解，这种方法的优点在于它具有很强的针对性，缺点在于它比较零散，缺乏系统性。比较是指在教学中对中国文化和外国文化进行比较，从而发现两种文化中的异同，它可以有效地加深学生对于两种文化的理解，有效地培养文化意识。融入是指直接把外国文化或中国文化的内容作为英语教学的材料，例如，一篇介绍英国风土人情的文章或者介绍中国茶文化的文章，可以把语言学习与文化学习有效地结合起来。体验是指通过具体的语言实践学习和了解外国文化，如观看英语原版的电影、卡通片，阅读英语文学作品，举行圣诞晚会等。

（2）在传授外国文化知识的同时，不要忽视对本国文化知识的传授。目前，我国的英语教学实践中还存在着对汉语文化知识的教学不够重视的问题。我国很多的英语学习者虽然对英语的语言知识和文化知识有熟练的掌握和深刻的理解，可以通过英语四、六级等专业考试，但对我国本土文化在英语中的应用却不甚了解，无法在国际交流中展现出中国作为文明古国源远流长、博大精深的文化底蕴，甚至在与西方人进行英语会话、沟通、交流时，表现出不独立的文化人格和较低的文化素养。举例来说，大家都知道中国的四大名著：《西游记》《三国演义》《水浒传》和《红楼梦》，但大多数的英语学习者，甚至是部分英语专业毕业的专业人才，都不知道这四大名著的书名该如何翻译成英语。再比如，孔子和孟子作为中国古代先贤圣人，为世人熟知的同时，也获得了英语世界中很多人的推崇，但我国很多所谓的英语学者却不知道他们的英文译名，甚至还因此闹出过笑话，把孟子的英文译名 Mencius 当成是外国的圣贤"门修斯"。

（3）英语学习者跨文化意识的培养。英语交流要求英语学习者认识到我国本土文化与英语文化间的差异，并根据这种差异，对自己的语言、表情、肢体动作等进行相应的调整。英语学习者这种按照英语文化习惯，自觉调整自己的意识，就是跨文化意识，这种意识的培养也是英语文化教育的重要目的之一。为了更好地培养学生的跨文化意识,还应帮助学生树立文化平等意识,防止学生出现跨文化交际心理障碍,教学过程中,英语文化教育与中国本土文化教育要双管齐下、齐头并进,防止崇洋媚外、文化自卑、民族自大等错误心态的产生。

(4) 英语学习者文化鉴赏能力的培养。大学生正处于道德观、价值观的确立时期,在这个阶段,更愿意接触新鲜事物,接受新鲜思想。因此,要在学习者的大学阶段,抓好文化鉴赏能力的培养工作,帮助学生树立正确的道德、价值观念,防止学生出现一味崇洋媚外的盲目思想。

三、语言知识与语言技能的关系

语言知识包括语音、词汇、语法三个方面的内容。语言知识是综合英语运用能力的有机组成部分,是发展语言技能的重要基础。使学生掌握一定的英语基础知识也是英语教学的基本目标之一。语言是交际的工具,而语言首先是有声的,正是通过人的发音器官发出声音,才能达到交际的目的。在英语中,语音和语法、构词法、拼写都有关系。很好地掌握语音,不但有利于听说技能的获得,而且也有助于语法和词汇的学习。

词汇包括英语中的单词和习惯用语。词这一概念是我们非常熟悉的,但是对词下一个准确的定义却不容易。语言学家对词下定义时说法不一,措辞不同。概括来说,词是语音、语意和语法特点三者的统一体,是语句的基本结构单位。每个词都有一定的语音形式。在口语中,主要通过语音以区别于其他的词。每个词都有一定的意义,这些意义根据其层次又可以被分为字面意义和隐含意义两种。字面意义就是词的"本义",隐含意义则是指词的本义以外的意义,即附加意义。例如,一词对不同的人来说还有许多其他的特性,如 gentle, weak 等。一个词的含义,有些可能是文化背景、社会背景、性别或年龄相同的人大家所共识的;另外一些含义则因个人的经历不同而不同。每个词还都有一定的语法特点,在句子中充当一定的功能,词的功能的改变,有可能会引起词义的变化,例如:

He tore down the hill.

Three enemy planes downed.

第一句中的"down"是介词,其词义表示方位,"沿着……往下",而第二句中的"down"是动词,表示"打下"的意思。

英语中的习惯用法又称习语,具有语义的统一性和结构的固定性两个特点。习惯用法是固定的词组,在语义上是一个不可分割的统一体,其整体意义往往不能从组成该用语的各个单词的意义中推测出来,词汇是构筑语言的材料,尽管具有大的词汇量并不意味着一定会具有高的语言能力,但是要想具备较好的语言技能则必须掌握足够的词汇。

语法是指关于一种语言的结构的描述,说明其中词和短语等结合起来形成句子。语言是词的一种线性排列,这种排列不是任意的,而是遵循一定的规则,这种规则是本语言社团所共同接受的。不同的语言具有不同的语法,汉语与英语的语法就具有很大的差异,英语学习者要想使用英语进行交际也必须遵守英语的语法规则。

语言技能指运用语言的能力,包括听、说、读、写四个方面,其中说和写被称为产出性技能,而读和听被称为接受性技能。听是分辨和理解话语的能力,即听并理解口语语言的含义;说是应用口语表达思想、输出信息的能力;读是辨认和理解书面语言,即辨认文字符号并将文字符号转换为有意义的信息输入的能力;写是运用书面语表达思想、输出信息的能力。在语言使用中,听、说、读、写这四项基本技能是交际、交流、沟通的主要形式,是信息传递、接收、处理的重要途径和必要手段;在语言学习中,可以培养学习者的综合语言运用能力。

语言能力包括语言技能和语言知识两方面,二者相辅相成、互相促进、互相影响。语言技能的培养是建立在语言知识掌握的基础之上的,不具备一定的语音知识,不掌握足够的词汇,不了解英语的语法,就不可能发展任何的语言技能;而语言知识的学习往往可以通过听、说、读、写活动的过程来感知、体验和获得。在英语教学中,处理语言知识和语言技能这二者之间的关系时,应该注意以下几点。

(1)语言知识与语言技能同时兼顾,防止厚此薄彼。语言知识和语言技能都是语言能力的组成部分,都是英语教学的基本目标。在传统的语言教学体系中,往往对语言知识的教学和语言技能的培养厚此薄彼,在教学过程中过于重视语言知识,轻视语言技能。交际教学法正是在对传统语言教学方法的批判声中诞生的。本书曾经参加了一些听课等教研活动,发现讲课的教师在课堂上不敢讲授语法等语言知识,害怕那样做会被指责为没有采用交际教学法。这种把语言知识和语言技能对立起来的看法是错误的。

语言知识是能力的基础,认为强调语言能力就可以忽视语言知识的看法是不对的。语言的综合能力是多方面的,除了语法知识外,还有社会语言学能力(如在完成某些言语行为时如何才算得体)、语篇能力(如观察和使用各种衔接手段和照应手段等)和策略能力(也就是交际策略,如在交际遇到困难时使用某些手段回避等)。这就意味着:①语法还要学,不学语法,语言技能无从谈起;②语法学习的目的是帮助学习者正确应用语言,而非为了掌握理论知识,语言的实践应用是建立在文化规范和语法规范的双重基础上的;③语言知识与语言技能要相辅相成、互相促进、互相影响、齐头并进,不能厚此薄彼,不能重视一个忽视一个。

(2)语言知识的教学要立足于语言实践活动。语言知识的传授不能和单纯的讲解语言知识画等号,要结合听、说、读、写等语言技能的培养,重视实践的作用,这一点对于初学者来说尤为重要。通过语言实践活动,培养语言技能,促进帮助学习者内化语言知识。

(3)听、说、读、写四项技能协调发展,不能截然分开。对于英语初学者来说可以从听说开始,但是读写要很快跟上。英语学习中,要处理好听、说、读、写四种能力之间的平衡,不能厚此薄彼,英语学习者如果缺乏听和说的能力,那就成了"聋子英语""哑巴英语",学到了书面知识也少有用武之地。另外,在我国的语言教学中,学习者更加容易获得读和写的环境,而听和说的英语环境则相对较难实现,所以也不能单纯采取"听说法"展开学习。

四、教师与学生的关系

在英语教学活动中,学生和英语教师是最主要的参与者与实践者,在英语教学过程中,二者要密切配合、协同作战。教学活动的安排要以学生为中心,教师则需要扮演好一个引导者、协调者的角色,只有这样才能保证教学质量。

任何学习过程和教学活动都不能忽略学生的主体地位,英语学习更是如此,英语教学活动的安排要以学生为本,教师则需要在教学过程中担任帮助、引导学生的工作,在教学方法的研究中,也要以学生为中心,从学生的心理、生理发展特点出发,以激发学生积极主动学习的兴趣为目标。教师要引导学生自主学习,帮助学生树立正确的学习态度,养成良好的学习习惯。由于每个学生的英语基础、家庭背景以及生活环境存在差异,教师在教学过程中不能千篇一律,要因材施教,充分利用学生的性格、认知方式、学习态度、学习动机等各方面的个性和差异,尊重学生的主体地位,激发学生的主观能动性。

  英语学习的效果很大程度上会受到性格的影响,相比于内向、过分焦虑、抑制性格的学生,认真、负责、外向、开朗、自信性格的学生,在英语学习中往往更容易取得好的成绩,当然,这里的成绩指的不仅是考试中试卷上的成绩,而是指英语学习的整体效果。性格外向的学生在英语学习中会占有一定的优势,因为外向性格的学生更加爱说话、热情、开朗,与内向性格的学生相比,外向性格的学生交际能力更强,而语言的学习过程在一定程度上可以理解为语言交际能力培养的一个过程。事实表明,性格外向的学生在课堂上的表现更加积极主动,勇于提问、不怕犯错,在课堂外也更加愿意参与英语的实践应用。其实性格内向的学生在英语学习过程中并不是毫无优势可言的,相比于外向性格的学生,内向性格的学生在语言形式的研究和联系上往往更努力,虽然内向学生不善表达,在语言流利程度的发展上处于劣势,但他们在对语言结构理解的准确性和全面性上更占优势。教师要针对不同性格的学生,采取不同的教学策略,鼓励内向性格的学生积极主动地参与到课堂内外的英语交流当中,帮助引导外向性格的学生提高他们对语言结构的理解。除外向和内向这两种性格外,学生在英语学习中还有焦虑方面的性格体现,适当的焦虑可以对学习起到推动作用,这种焦虑被称作促进性焦虑,而过分的焦虑则会对学习产生负面影响,这种焦虑被称为退缩性焦虑。焦虑的产生会受到性格、个人经验、学习性质、学习环境等各方面因素的影响。为防止退缩性焦虑的产生,学生在学习过程中要树立信心,明确学习目标,对学习过程中可能出现的问题,提前做好充分准备。学习过程中的抑制心理往往会影响学习的最终效果,每个人都有抑制心理,主要体现为抵触外部威胁、自我保护,抑制心理伴随着人自我意识的产生而产生,随着自我意识的增强而增强,其强弱程度很大程度上受自尊心强弱程度的影响。一般在中学阶段,人的自我抑制会达到顶点,并持续到成年。抑制心理过重的学生,往往无法积极主动地参与到课堂内外的交流活动中来,这种性格不利于语言的学习,需要教师适当进行引导。

  在英语学习中,学习动机、学习态度等方面的情感因素同样起着至关重要的作用。学习动机可以理解为学生学习的动力,如果没有学习动力,学习效果自然很难提升。学习动机可以归纳为内在学习动机和外在学习动机两个方面,这是按照学习动机产生的原因划分的。内在学习动机是指学生自身对学习的兴趣和爱好,正所谓兴趣是学习最好的老师,有了兴趣,学生学习的主动性才会更高;外在学习动机来自外在的鼓励、赞同和鞭策。两种学习动机相辅相成、相互影响,教师在教学过程中,要注意学生两种学习动机的平衡培养。学习态度在英语学习中有十分重要的作用,只有端正了学习态度,才能更好地投入英语学习当中。

认知方式是指人们组织、分析和回忆新的信息和经验的方式。就认知方式讲,英语学习者以场依存型为主。测量场依存型时,让学习者观看一个复杂的图案,并找出隐藏在图案内部的几个简单的几何图形。目的是看他们是否能够把看到的东西分解成若干部分,并能使这些部分脱离整体。这种测验也适用于语言学习者,因为他们也要从上下文中把语言项目分离出来才能理解它们。例如,在读一页材料时,他们必须能够识别词、短语和句子,并能理解这些部分如何结合起来构成一个整体。场依存型的学习者具有以下特点:他们对教师提供的语言信息不加分析、不加思考,教师如何教授,他们就如何接受。这类学生特别依赖别人对他们的看法,在很大程度上靠别人表扬,他们给别人的印象是直率,对别人感兴趣,使用英语与别人交往的技能可能会发展较好。他们对自己本身有很强的意识,往往对别人不太敏感,不喜欢接近别人。在外语结构知识方面场独立性学习者学习起来更容易些。

与学生一样,教师也是学习过程中重要的参与者,提倡认同和尊重学习过程中学生的主体地位的同时,也要认同教师在教学过程中的引导地位。在应用教学过程时,教师可以并应当起到以下作用。

(1)向学生传授语言知识以及文化知识的作用。语言知识包含词汇和语法方面的知识,是听、说、读、写等语言技能提升的前提和基础。俗话说"巧妇难为无米之炊",没有符合标准的词汇量以及满足要求的语法基础,英语学习将会举步维艰。语言与文化有着密不可分的联系,文化意识也是衡量英语学习效果的重要标准之一,因此,教师在教学过程中,还要肩负起培养学生文化意识的重任。教师在向学生传授语言知识以及文化知识时,要注意理论联系实践,鼓励探究式学习,避免填鸭式教学。

(2)培养学生学习技能的作用。在语言的学习中,知识与技能要齐头并进,双管齐下，不能厚此薄彼，因此教师在教学过程中，还要扮演语言技能培养者的角色。语言学习的目的是应用语言，而在语言使用中，听、说、读、写等语言技能，正是交际、交流、沟通必不可少的能力。

（3）激发学生学习兴趣，培养学生学习动力的作用。随着教育改革的不断深入，学生在教学过程中的主体地位越来越深入人心，激发学生的主观能动性成为当今英语教学的主要任务之一，这就需要教师肩负起激发学生学习兴趣、培养学生学习动力的工作。正所谓兴趣是最好的老师，教师在教学过程中，要加强对学生学习兴趣和学习动力的培养，针对学生的兴趣爱好设计教学活动，对学生秉持适当的宽容态度，不过分指责学生，以免打击学生的学习主动性和自信心。

（4）在学生学习的过程中，向学生提供或推介合适的学习资料。随着英语学习的深入，学生只学习课本知识是无法满足要求的，因此还需要课本以外的学习资料来扩展学生的学习途径。市场上的学习资料种类繁多且质量参差不齐，仅仅依靠学生和家长的判定来选择有一定盲目性，这时就需要教师根据每个学生的具体情况，来提供合理的建议。

（5）为学生答疑解惑的作用。韩愈曾经说过"古之学者必有师，师者，所以传道授业解惑也"，可见自古以来，教师的任务都不仅仅局限于对学生知识的传授和技能的培养，还应肩负起为学生答疑解惑的任务。语言学习任重道远，在漫长的英语学习历程中，学生难免会遇到各种各样的问题，产生各种各样的疑惑，而为学生解决问题、扫除困扰，正是教师的重要任务之一。为学生答疑解惑要从实际情况出发，具体问题具体分析，具体对象具体对待，这就要求教师自身专业素质过硬，具备一定的"诊断"能力。此外，教师还应具备主动发现学生的问题、疑惑、困难的能力。

（6）完成学习、研究语言学习规律的任务。与学生一样，教师也是学习者和研究者，在教学过程中，教师要保持学习的状态和态度，提高自我要求，不断总结教学经验和学习规律，不断提升自身专业素质，以便更好地投入英语教学工作中去。

（7）示范作用。模仿是学习的重要方式之一，教师作为学生的主要模仿对象，要不断提升自身专业素质，为学生起到好的示范作用。

（8）组织并参与实践活动。教师在教学过程中，要正视实践语言交际的重要作用，多多组织相关的实践活动，提升学生实际的语言交际水平，同时作为参与者加入其中，在活动中为学生提供新的语言现象。

第四节　大学英语教学中的原则要求

一、大学英语教学的交际性原则

语言作为人们交流思想的工具和传递信息的媒介，在交际中发挥着重要作用。交际是在一定语境下，说者与听者或作者与读者之间，进行意义转化的过程。由此定义我们可以得出以下几点启示：①交际包括口语和书面语两种交际形式；②交际总是发生在一定的语境之中；③交际需要两个以上的人参与并产生互动。

实现用英语交际是学英语的最主要目的，因此，提升学生的英语交际能力是英语教学最主要的目标。所谓交际能力，是指能根据场合和交流对象的不同，运用所掌握的语言知识进行有效交际。为了帮助学生学以致用，实现用英语和他人交流的目的，英语教学过程要始终坚持交际性原则，要在教学过程中努力做到以下几点。

（1）认清英语课的性质。英语课是培养技能的课程，在课上，老师教课和学生学习时，都应该意识到英语作为一种语言，是交际的工具。英语教学的终极目标不是让学生记住很多独立的词汇，或者了解一堆语法，而是要让学生获得用英语和他人交流的能力。英语的教、学和用是相辅相成的，它们有机地结合在一起，以用为核心，是由各方面构成的一个有机的相辅相成的统一体，其中的核心在于使用。因此，教师转变以往陈旧的教学观念，认清课程的性质，是落实交际性原则首先需要解决的问题。

（2）注意情景设置，通过开展各种各样的交际活动，训练学生使用英语交流的能力。语言是一种交际工具，交际则需要在一定情景下进行。语言交际的情景条件包括时间、空间、说者、听者、话题、交际方式等。一个人说出来的话及其说话的语气,会与他所处的情景和他的身份相适应。在一定情景下开展英语教学,是语言交际本身特点的要求,也是提高学生学习效果的需要。结合教材设置情景时,可以综合使用各种教具,追求逼真、贴近学生日常生活,充分体现交际性。身临其境地对英语进行学习和使用,不但能提高学生学英语的兴趣,还能帮助他们把学和用结合起来,更好地掌握和使用英语。

(3) 让学生能够得体地使用英语。英语教学的终极目标是让学生能够用英语与他人进行交流。在以往,英语教学往往将重点放在让学生掌握正确的语法结构上。坚持英语教学的交际性原则,应提高学生的英语交际能力,让他们能够根据具体的时间、地点、说话对象,调整说话的内容和方式。这一点与上一点密切相关,创设情景,开展多样的交际活动,如课堂游戏、讲故事、猜谜语、编对话、角色扮演、话剧表演、专题讨论或者辩论等,都有助于学生在创设的情景中充分表现自己,从而掌握地道的语言。

(4) 精讲多练。英语课堂上的主要活动,一是讲,即老师向学生讲解英语知识,二是练,即学生练习使用所学的英语知识。为了帮助学生高效地进行学习,老师有必要在课上讲解一些英语知识。这和学习游泳是一个道理。学生在下水练习之前,通过老师的讲解了解一些动作要领,明白一些注意事项,练习才会更有成效,才能更快地学会游泳。不过,英语教学不能只是老师讲学生听,因为英语的学习是一种技能学习,必须通过练习才能真正掌握。老师要时刻意识到,讲解英语知识是为了让学生在训练中获得更好的效果。老师不但要留出时间给学生进行训练,而且要对学生在训练时遇到的问题进行针对性的辅导。这样进行英语教学,一方面能提升学生的英语交际能力,另一方面也有利于学生养成良好的学习习惯和思维习惯。①

(5) 教学内容和教学活动设计要保证真实性。语言和生活是紧密联系在一起的,选择教学内容、设计教学活动,一方面要考虑学生的日常生活和他们关注的话题,提供给学生的材料要充足、丰富,题材要多样化,符合学生的真实生活;另一方面要使用真实的语言,编写教材和授课,即教材和教学用语不应只是为了讲课设计出来的,而要和英语母语者交际时使用的一样,在他们的生活中也能找得到。

---

① 邓海龙.“产出导向法”与“任务型教学法”比较:理念、假设与流程[J].外语教学,2018,39,191 (3):59-63.

二、大学英语教学的兴趣性原则

我国古代教育家孔子把学习分为三个不同的层次：知学、好学和乐学，认为"知之者不如好知者，好知者不如乐知者"。兴趣是最好的教师，是推动学生学习英语的最强有力的动力。"学习兴趣是学生积极探求事物并带有感情色彩的认识倾向。它可以使学生在学习活动中变得积极主动，从而获得更好的学习效果。"周娟芬指出，学习兴趣有定向功能、动力功能、支持功能和偏倾功能。①定向功能。学习兴趣作为影响学习过程的一种非智力因素，其作用是最为明显，也是最为持久的，它往往决定着学生的进取方向，为学生一生的事业奠定基础。②动力功能。学习兴趣与人的情感活动密切相关，可以直接转化为学习的动力。当学生对英语学习具有浓厚的兴趣时，学习就不再是一种负担，而是一种乐趣。③支持功能。英语学习是一个漫长而又复杂的学习过程，伴随着许多的困难与挫折，学习兴趣在于克服困难、战胜挫折、保持旺盛的精力，对学习起着支持的作用。④偏倾功能。人们往往从自己的兴趣出发去审视事物。表现在英语学习上就是每个学生的兴趣不同，他学习的侧重点也就有所不同。有的学生对记忆单词特别感兴趣，有的学生特别喜欢阅读英语文章，还有一些学生特别喜欢用英语写点东西。对于这些侧重点的差异，教师需要因势利导，在学生原有侧重点的基础上，引导到全面正确的轨道上来。

学生英语学习兴趣的培养和提高可以从以下几个方面入手。

（1）加深对学生身心特点的了解，尊重其学习的主体性地位。学生是英语学习的主体，英语学习主要是由学生自己来进行的。传统的英语教学，在开始时花费大量时间教授音标、语法和单词，重视词汇的记忆和背诵，将此过程视为夯实学生的英语基础。教师要摒弃传统教学方式，充分了解学生的身心特点，帮助学生改变以前的学习方式，给学生体验和实践的机会。英语课的开展要顺应语言学习规律，通过各种丰富的活动来进行，比如听看结合、听做结合、读写结合，甚至可以采用歌唱、做游戏或表演的方式。如此一来，既能提高学生的学习兴趣，也能让他们拥有良好的语感，最终实现用英语交流的目的，尤其是在学习的初级阶段更要如此。

（2）不能只重视死记硬背和机械操练。虽然学英语有时也只能死记硬背，并且需要一定机械化的练习，但是以此作为学英语的主要方式太过死板，英语课也会变得无聊，不利于培养学生学英语的兴趣。英语教学要提高教学设计水平，制定科学的学习策略，结合生活情景教授英语知识，让学生在情景中进行实践。教学方式和氛围应该重视对学生思维上的启发，促进学生知识获取渠道的多样化，帮助学生迅速将知识内化，将所学知识熟练地应用到听说读写的各种交际中去，做到活学活用，真正掌握英语这个交际工具。通过这样的方法，教师在培养学生的英语交际能力的同时，还能提升其综合素质，激发英语学习兴趣。

（3）挖掘教材中学生感兴趣的内容，增强课程的趣味性。英语教学往往是围绕教材内容开展的，教师在备课阶段，要对教材进行深入研究，要想最大限度地调动学生的积极性，就要在备课中认真地研究教材，对学生感兴趣的教材内容进行挖掘，设置他们喜欢的内容和活动，增强课程的趣味性和新鲜感。

（4）善于鼓励和表扬学生，关注其英语的进步，让学生增强自信心，提高成就感。学习效果越好，收获越多，进步越大，学生学英语的兴趣就越持久。所以，教师要善于用多种方式激励学生，比如给表现好的学生发奖品，制定任务让学生去完成，并且根据完成情况给予荣誉，以及对学生表示出认可。如此一来，学生会更积极、更大胆地学习和使用英语、参加活动，从而获得成就感。

（5）设计教学素材，要注意从学生有兴趣的话题入手。这方面有很多具有启发性的案例。例如，数字是英语教学内容之一，有的老师会讲得比较枯燥乏味。曾经有一个教师在教学生英语数字前，让他们回家收集身边的数字，有学生记录了自家的汽车和自行车牌照、电话号码和邮编号码，还有的学生记录了家人的身高、鞋和衣服的码数、自己零花钱和家里书籍的数目等。在课上，学生搜集的这些数字，成了很好的教学素材，课程开展得十分活泼有趣。又例如，有教师自创了一套模仿英语字母形状的体操，来讲解英语字母。①

（6）教师要多和学生交流。第一，每个学生的家庭和成长环境不同，教师要付出自己的真心与爱心，对学生一视同仁，积极用不同方式和学生交流，与学生成为朋友，将自己对工作的热爱辐射到学生身上。第二，学生经常因为喜欢某个老师而喜欢上其所教授的课程。所以，教师要争取让学生尊重自己、喜欢自

---

① 樊睿．构建产出导向法视角下的大学英语教师角色转变［J］．海外英语（上），2016（8）．

己，要表现得幽默活泼。第三，学生对于课程和老师的良好情绪，能够激发他们的学习兴趣。教师要在教学过程中，融入思想教育，通过包容的课堂气氛，引导学生树立正确的道德观念，培养学生对英语的热情，同时要免于让学生的自尊受到伤害。第四，教师一方面要对学生严格要求，另一方面要为学生的学习营造和谐氛围，善于通过神色表情、肢体语言和话语影响学生。

（7）采用科学的方式对学生进行评价。传统的应试教育极大地扼杀了学生的学习兴趣。第一，在英语教学方面，应主要采用形成性评价的方法，这些方法是日常教学中常见的。教师要注意学生是否有良好的学习态度，是否在努力学习和积极实践，以及在交流和协作方面的表现如何。第二，在考试方式上，可以把笔试和口试结合起来，尤其是在期末考试时。笔试可以实现对学生英语听读情况和英语基础写作能力的考察，口试可以实现对学生英语交流能力的考察，而且，记录成绩的方法应该采用达标法或等级制，不能根据学生的考试成绩给他们排队或进行选拔。

三、大学英语教学的灵活性原则

兴趣性原则的实施前提是灵活性原则。在英语教学、学习和使用方面做到灵活，才能真正激发学生的学习兴趣。一方面是语言自身性质的要求，因为语言作为日常生活中不可分割的一部分，本身就是开放的、发展的、灵活的；另一方面也是学生实际特点的要求。老师要灵活地根据实际情况采用各种方法教英语，让学生学习和使用英语，英语教学才能活泼有趣。

（1）教学手段的灵活性。首先，英语教学方法和派别有很多，各有长处也各有局限性。对于视听法、语法翻译法和交际法等英语教学方法，教师要看到它们各自的优势，兼容并收、取长补短，而不能因为某种方法当下更流行就死板地只遵循一种方法。其次，英语教学既要教授语言知识，也要教授语言技能。语言知识的主要内容是词汇、发音和语法等，每种内容的特点是不一样的。语言技能的主要内容是听、说、读、写，此外还有很多小技能。学生作为学习的主体，相互之间也存在差异。由于以上原因，英语教学要根据教学方法、教学内容、学生和教师的不同特点来进行。教学活动应该是丰富而多样的，教学方法应该是丰富而具有创造性的。活泼有趣的英语教学，才能提升学生的学习热情，激发学生的学习潜能。教学的内容也要体现多样性的原则，不光要教英语，还要教学习方法，结合英语教学教学生如何做人。

（2）学习的灵活性。教学方法和教学内容的灵活性可以有效地带动英语学习的灵活性。要努力改变以往单纯地死记硬背的机械性学习方法，帮助学生探索合乎英语语言学习规律和符合学生生理、心理特点的自主性学习模式，使学生能够自我导向、自我激励、自我监控；静态、动态结合，基本功操练与自由练习结合；单项和综合练习结合。通过大量的实践，使学生具有良好的语音、语调、书写和拼读的基础，并能用英语表情达意，开展简单的交流活动，开发听、说、读、写综合运用语言的能力。

（3）语言使用的灵活性。英语学习的关键在于使用，教师要通过自身灵活地使用英语来带动和影响学生使用英语。教师应尽可能多地用英语组织教学、用英语讲解、用英语提问、用英语布置作业等，使学生感到他们所学的英语是活的语言。英语教学的过程不应只是学生听讲和做笔记的过程，而应是学生积极参与、运用英语来实现目标、达成愿望、体验成功、感受快乐的有意义的交际活动过程。另外，教师还可以通过灵活性的作业使学生灵活地使用英语，作业的布置应侧重实践能力，如可以让学生用磁带录制口头作业，让学生轮流运用英语进行值日报告，陈述和评议时事、新闻等。

四、大学英语教学宽严结合的原则

所谓的宽与严是指如何对待学生在学习过程中所出现的语言错误，也就是如何处理准确和流利之间的关系。外语学习是一个漫长的内化过程，学生从开始只懂母语，一直到最后掌握一种新的语言系统，需要经过许多不同的阶段，从中介语的观点来看，在各个阶段，学生所使用的语言是一种过渡性语言；它既不是母语的翻译，也不是将来要学好的目标语。这种过渡语免不了会有很多的错误。传统的分类方法将错误分为语法、词汇和语言错误。语法错误又被进一步分为冠词、时态、语态错误等。这种分类方法主要基于语言形式，而忽视了语言的交际使用。对于各种错误的分析，是第二语言习得研究的重要课题，因为通过对于这些错误的分析，可以发现学生的学习策略，其实这些策略也正是学生产生这些错误的原因。第一个原因是迁移。关于这一点我们在上一章已经进行了介绍，在此不做重复。需要说明的是，许多人都想当然地认为迁移是外语学习者产生错误的主要原因，但是许多研究表明，由母语干扰所造成的错误在所有错误中所占的比例并不高。第二个原因是过度概括。学习者根据他所学的语言结构做出概括，然后去创造出一些错误的结构。

对待错误，有两种极端的做法是不可取的。一种是把语言错误看得非常严重，"有错必纠"。这些人的理由是小学生正处在英语学习的初期，一定要学到正确的东西；如果对学生的语言错误听之任之，一旦养成习惯就很难改过来了。结果在学生说英语时，教师往往会抓住学生的错误不放。这样很容易挫伤学生学习英语的积极性，他们十分害怕犯错误，久而久之就不敢开口讲话了。另一种是对学生的语言错误视而不见。这些人的理由是熟能生巧，只要多说就能慢慢自我克服这些错误。这类教师强调的是学生语言的流利程度，结果导致学生毫不注意语言的准确性。

语言错误是学习英语过程中的必经阶段。出错—无意识错误—出错—意识错误—出错—自我纠正错误，是对于每一个英语学习者来说的必经之路，没有这个过程就不可能达到流利的程度。因此，要鼓励学生不怕出错，而且要耐心地倾听学生"支离破碎"的英语，并给予纠正指导。一方面，教师要坚持用正确的语言熏陶学生；另一方面，当学生的语言错误影响到信息的传递时，要在鼓励的前提下进行必要的纠正，从而保证以后学生使用英语的准确性。也就是说，在英语教学中，教师应该采取宽严结合的方法；当以交流为目的时，对学生的语言错误采取宽容的态度；当以语法学习为目的时，则采取严格的态度。这样宽严结合，既保证学生具有扎实的语言基础，又有利于鼓励学生大胆使用英语。

宽严结合的原则实际上就是要正确处理准确和流利之间的关系。"没有准确，流利就失去基础"这句话是对的，但是这种说法只是强调了准确的重要性，正确的态度应该是"既要强调准确性，又要重视流利程度"。我们可以区分两种情况：对于初学者，不要过分纠正其语言中的错误，而要更多地鼓励他们使用英语进行交际；对于中等以上的学习者，可以适当地纠正其语言中的偏差，但是要以不打击他们的学习积极性为前提。换句话说，越到高年级，越要强调准确性。此外，在写作文或在课堂上演讲时，则应该强调准确性。

五、大学英语教学的输入输出原则

所谓输入是指学生通过听和读接触英语语言材料，所谓输出是指学生通过说和写来进行表达。心理语言学研究表明，输出建立在输入的基础之上；在此意义上，输入是第一性的，输出是第二性的。首先，在人们学习英语的过程中，能理解的总是比能表达的要多。换言之，人们所能听懂的，永远比能说的要多；而所能读懂的，又比所能写的多。我们能欣赏小说、散文和诗歌等优秀的文学作品，但我们自己并不一定能写出来。其次，语言输入的量越大，语言输出的能力就越强。也就是说，我们听的东西越多，我们读的东西越多，我们的表达能力也会越强。Krashen 认为有效的语言输入应具备以下三个方面的特点：第一个特点是可理解性。他认为，如果学生不能理解所输入的语言，那么这些输入无异于噪声，是不能被接受的。第二个特点是趣味性或恰当性。所输入的语言材料还要使学习者感兴趣。"要使学生对语言输入感兴趣，最好使他们意识不到自己是在学外语，把其注意力放在意义上。"第三个特点是足够的输入量。目前的外语教学严重地低估了语言的输入量的重要性。要习得一个新句型单靠做几个练习甚至读几段语言材料是远远不够的，还需要数小时的泛读以及许多的讨论才能完成。

教师在教学过程中应该注意以下几点。

（1）尽可能多地让学生接触英语。要通过视、听和读等手段，多给学生可理解的语言输入，如声像材料的示范和贴近学生日常生活和学习、适合学生的英语水平、具有时代特色的读物等。另外，学生学习的内容不要局限在课本之内，教师应该打破课内外的界限，帮助学生扩大语言接触面。

（2）输入内容和输入形式的多样化。学生接触的英语既要有声的，又要有图像的，还要有文字的，而且语言的题材和体裁以及内容要广泛，来源要多样化。如在日常生活中，尤其是在大中城市中，每天都会接触到许多英语，比如，文具、衣服、道路标志、电器等上面就有许多英语。如果我们能利用这些，学生们就可能轻轻松松地学到英语知识。另外，我们还要注意根据上述语言输入的分类，尽可能地为学生提供多种形式的输入。

（3）首先强调学生的理解能力。只要学生能理解的，就可以让他们听，让他们读。而且，还可以只要求学生理解，而不必立刻要求他们用说和写的方式来表达。从教学目标而言，对语言技能应该有全面的要求，但是从教学的方法来看，应该先输入，后输出。

（4）为学生提供的语言材料要符合学生的实际情况，要符合可理解性和趣味性与恰当性的要求。当然，仅仅依靠语言的输入是不可能掌握英语、形成综合运用英语的能力的，还需要通过口头和笔头的表达来检验和促进语言的输入。在增加可理解的语言输入的同时，在理解的基础上不断进行有效的实践活动。这些实践活动在基础英语教学中包括一定的模仿练习。学习语言的确需要模仿，问题的关键在于如何模仿和模仿什么。如果只是机械地模仿，只注意语言的形式，那并不能保证学习者在生活中真正地使用语言。比如只是要求学生注意语音、语调的准确，只要求死记硬背句型结构，而没有使学生真正了解这些句型结构所表达的含义，学生并不能在课外使用。模仿最好是模拟生活中的真实情景，注意语言结构所表达的内容，这种模仿才是有效的。尤其是在结对练习、小组练习时，让学生根据实际的情况使用所学习的语言，他们才能把声音和语言的意义结合起来。外语教学的研究人员还提出，不仅要有"可理解的输入"，还要有"可理解的输出"。

第三章

大学英语课程与教材

大学英语教材是教师进行教学和学生学习大学英语必备的教学材料,其质量的优劣直接影响大学英语课程教学质量。本章对大学英语课程进行说明,并对大学英语教材进行相关介绍。

第一节 大学英语课程说明

在高等教育中,英语课程教学是高等教育阶段的重要课程,是大学在校生最基本的必修课程,大学的英语教学主要侧重于对英语教学理论的讲解,把中外的文化交流和学习方法的培养作为课程的主体部分,采取多样化的英语教学方法,向学生传授关于英语的语法内容和在实际交流中的运用技巧。

在大学阶段,英语课程的课堂设计把提高学生的实际运用效果作为贯穿始终的主线,所有的教学设计都是为了让学生在实际的学习和工作中,能够熟练地运用英语同有关对象进行无障碍的沟通,当然,这种沟通既包含口语,也包含纸质信息的沟通。通过一系列的练习,让学生在掌握学习方法的基础上,提升他们的综合素质,为更好地参与到国家间的文化交流奠定语言基础。

产出导向法视域下的大学英语教学研究

一、大学英语课程的主要教学要求

自古以来,我国就是一个多民族、地域广的人口大国,由此衍生了许多地域上的文化差异。英语教学也受此影响,在很多方面存在着发展不均衡的现象。如果要缩小这些差异,高等教育阶段的英语教学就必须按照不同类别、不同层次、不同地域的条件,来制定不同的教学方法,以满足不同的需求。

综合考虑多方面因素,并结合实际的应用情况,我们可以把高等教育阶段对于非英语专业的本科生实施的英语教学,归结为三个层次。第一,一般要求。对于高等教育中的非英语专业的学生而言,大学的英语水平只需要达到一般要求即可。第二,较高要求。相比较而言,这一层次的要求,一般是由条件比较好的高等学校,按照本校的办学目标以及人才的培养定位所决定的。第三,更高要求。对于这部分高等学校和学生的要求,一般是针对一些英语教学和学习基础过硬、功底扎实,在英语课程讲解和学习上还有上升空间的教学对象所创设的。

综合上述三个层面,对学生的英语学习能力的具体要求,体现在以下几个方面。

(一)英语课程教学的一般要求

第一,关于对听力内容的理解方面。要求学生对于自己听力的训练的标准,要达到可以听懂英语教师课堂授课的程度,要能够理解在现实生活中运用英语进行对话的内容和有关的专业讲座。在观看有关英语的电视节目和广播内容时,对于语速不快的节目能够听懂、理解,并且可以大致归纳出讲述的重点,把学习到的语法技巧等应用到现实生活当中。

第二,关于学生的口语表达方面。可以做到能够运用英语开展相互之间的沟通交流,在教师提出某一主题后,可以围绕主题内容开展讨论,并在相互之间运用英语进行谈话,对于现场提出的某一话题,稍微准备一下,便可以用英语简单发表自己的意见和见解,同时达到发音准确、语调适中,能够熟练运用所学到的英语语法会话逻辑。

第三章 大学英语课程与教材

第三,关于学生的阅读理解方面。通过接受英语课程教学训练,学生可以大致理解普通的英语文章,一般性的阅读要求每分钟读 70 个单词,而对于一些难度不大、内容较多的文章,要求阅读时每分钟读 100 个单词。在阅读过程中,能对英语文章进行粗略的阅读。还可以运用英汉工具书,对一些具有相对较强的专业性英语文章和英语报刊进行阅读,并能够理解中心内容。还可以通过采取不同的阅读形式,理解并掌握一些专业性较强的英语文章。

第四,关于书面的表达能力方面。通过训练可以撰写较简单的英语文章,对一些身边较为常见的情感和事件等,可以比较流畅地加以描述。能够撰写一般的英语专业文体。对于有时间要求的撰写内容来说,可以达到在 30 分钟内写出 120 个以上单词量的文章,且达到语句流畅、内容精悍、主题突出的表达效果,掌握最初的英语文章的写作技巧。

第五,关于翻译能力的要求方面。在允许使用有关工具书的前提下,把汉语翻译成英语的速度达到每小时大概 250 个字的水平,而把英语翻译成汉语,则要保持在每小时 300 个单词的速度。并且还要做到表达准确,没有比较严重的语法失误。

第六,关于词汇量的掌握方面。要求学生通过接受英语授课,至少要掌握 4795 个英语单词和 700 个英语词组的词汇量,当然这些词汇中,还包含学生在中学阶段所积累的词汇量。在这些词汇中,有 2000 余个单词是学生在口语和书面语中经常用到的、要求必须熟练掌握的词汇,这些词汇被归纳为积极词汇。

(二)英语课程教学的较高要求

第一,关于对听力内容的理解方面。可以达到每分钟 150~180 个单词的理解量,可以直接听懂比较专业的英语课程,对于比较熟悉的题材,即使篇幅稍多一些的英语广播电视和有关的讲座等节目,也基本上可以听明白,并可以理解中心思想,总结出学习要点。

第二,关于学生的口语表达方面。达到相对熟练的水平,即可以运用英语发表自己对某事物的看法,表达比较流利,发音清晰,语调准确,能充分表达出自己想表述的意思。

第三,关于学生的阅读理解方面。一般情况下,可以每分钟达到 70~90 个单词的阅读量,在比较特殊的情况下,比如需要加速阅读时,对于不太复杂的内容,可以每分钟达到120个单词,可以读懂英语大众刊物上的普通文章,对于自己所学的专业领域的文章也可以进行阅读,并达到理解文章大意、总结出知识要点的水平。

第四,关于书面的表达能力方面。能用英文撰写自己所学领域的专业性论文的中心内容,用英语对一些图片和表格内容进行讲述,撰写学术性较强的小篇幅文章,清晰地表达自己的观点,在30分钟内可以写出150字以上的文章,达到思路清晰、论点鲜明、句子顺畅。

第五,关于翻译能力的要求方面。把汉语翻译成英语,在60分钟内达到300个字,把英语翻译成汉语,在60分钟内达到350个单词。借助词典,可以对英文大众报纸杂志进行翻译,对专业性较强的英语文章,可以做到大致内容的翻译,语言组织可以体现一定的技巧,达到语句通顺、正确率高。

第六,关于词汇量的掌握方面。一般可以熟练运用1200个词组的数量和6395个单词的数量,其中词组的掌握量,也包含中学所学内容,有2200余个单词,是学生在口语和书面语中经常用到的,必须要求熟练掌握的积极词汇。

(三) 英语课程教学的更高要求

第一,关于对听力内容的理解方面。可以听明白英国人的普通讲话内容,还可以正常观看英语国家的电视节目和广播内容,可以正常参加借助英语进行交流的专业讲座和课程。

第二,关于学生的口语表达方面。可以熟练地用英语诵读专业性较强的文章,并运用英语进行谈话和商讨,用英语对内容复杂的文章内容进行总结、概括和提炼。

第三,关于学生的阅读理解方面。能够熟练地用英语阅读并读懂自己所学的关于英语的专业性文献,可以顺利地读懂英语报刊文章,并掌握其中心内容。

第四,关于书面的表达能力方面。在30分钟内,可以撰写出200个英语单词以上的文章或论文,对于自己所学专业,可以顺利地撰写出专业性较强的文章报告,并清晰地表述自己的意见论点,达到内容充实、层次分明、条理清晰。

第五,关于翻译能力的要求方面。把汉语翻译成英语,在60分钟内达到350

个字,把英语翻译成汉语,60分钟达到400个单词。借助词典,可以对英文大众报刊中有一定深度的内容进行翻译,对专业性较强的英语文章和介绍一个国家总体情况的英语文章进行翻译,语言组织严谨、语句流畅,基本没有错误。

第六,关于词汇量的掌握方面。一般可以熟练运用1870个词组和7675个单词,其中词组的掌握量也包含中学所学内容,这里不包含专业词汇,有2360余个单词是要求掌握的积极词汇。

综上所述,在高等学校制定本校英语教学计划时,可以参照以上内容。同时也可结合本校实际,对上述的各条内容进行有效调整,但需要重点强调的是,要突出对学生英语听课能力的训练。

二、大学英语课程的设置

根据各大高校的现实情况,在符合外语课程规则的情况下,编排具有综合化和专业化的外语课程,把外语的各种分类、各方面能力、外语专业的课程,以及外语所衍生的其他课程等,尽可能最大化地结合起来,以保证不同水平的学生都能公平地得到完善的能力训练和个性培养。

有针对性地培养学生的外语听说能力,要对外语的课程精心编排,并且给予充分的时间安排,应用现在的高科技,展示各种新鲜有趣的知识和构建全面的网络课程,给予学生提升创造力和个性培养的学习氛围。

外语课程是基本的语言学科,不仅可以开阔眼界,而且可以提升自己的综合文化素养,是文化交流的载体,所以外语课程的开设,不仅要满足学生知识的需求和能力的提高,更应该有针对性地进行培养。

不管是使用计算机作为载体进行教学,还是回归传统在课堂上进行教学,课程设计要考虑到对学生个性化的培养,还有每个学生的水平差异,要为水平高的学生提供更高的平台,更给予水平较低的学生更多的鼓励,稳固学生们的外语基础知识,并提高他们现实的外语交流水平,尤其是听说的实际水平,保障学生们外语能力的稳定提升,培养个性化的发展,针对学生们的需求给予帮助和培育。

三、大学英语课程的教学模式

各学校的教学应该重视高科技的发展并加以使用，开创新的教学方法，将信息技术和课堂上的教学结合起来。传统的教学模式是以老师为主导的教学方式，由于高科技的发展，新的教学方式逐渐形成，教学方式主要是信息技术的使用，这种教学方式不仅节省了时间，而且提高了学生们的学习兴趣，使其个性化的发展不受限制。外语的应用性、知识的掌握和兴趣三点融合在一起，是新教学方式的特性，这样的教学方式充分体现了以学生为中心、以教师为引导的教学原则。新的教学模式的实施，不是完全摒弃传统的教学模式，而是结合传统教学的长处，使新的教学模式更完善。

各高校创建新的教学模式，应以学生的外语掌握情况和学校的教学基础作为针对措施，训练学生们外语的听说能力，可以在有网的环境下进行训练。高科技网络教学，结合课堂上面对面的讲授，更能很好地实现教学效果。在线教学应该全面覆盖网上教学、在线学习、评估、管理等全部环节，具体可以举例为，老师可以提前将知识录入计算机上或者直接在线教学，获取学生的学习情况，进行测评、课后辅导、教学情况的监督等，网络教学的优势是可以不受时间限制地观察学生们的学习状态以及老师的教学状态，节省时间，提高教学效率等。学校应该适当鼓励老师借助互联网、信息技术进行授课，应用最先进的教学设备，全面学习和提高自己的教学效果。

教学体制改变的一个重要目标之一，就是培养学生们个性化的发展，以及由被动学习到主动学习的转变。新的教学方式注重培养学生们的学习能力，也就是说，不仅是传授知识，更重要的是根据学生们的个性，有针对性地对学生掌握知识能力进行培养。

教学改革的本质是教学观念的改变，而不是简单的部分方法和态度的改变，从以前传统的以教师为主导的教学观念，转变为以学生为主，由单向的知识传输转变为双向的互相交流、讨论，由被动学习转变为主动学习的过程，由理论知识的传播转变为将理论知识应用到实际中的学习方式，尤其是语言的听说能力，以实践为主。

四、大学英语课程的教学评估

在英语教学上，教学测评是必不可少的一个步骤，标准、完善、公平的测评性质，是提高教学效果的保障，教学测评是教师对学生学习情况的一个掌握，是教师对自己教学能力的完善、教学效果的实现等，同时也能促使学生们改变自己的学习方式、提高自己的学习效率、培养自己良好的学习习惯。

学习的测评可以分为两种：发展性测评和最终性测评。

发展性测评依据学生们的学习状况，使用多种教学方法，记录、监督、观察、了解、培养学生多方面的能力，其优势是能够监督学生们是否能主动进行学习，尤其是新的教学模式，在实施的过程中，发展性测评占有非常重要的地位，发展性测评具体包含学生对自己的测评、学生给学生的测评、老师给学生的测评、学校给学生的测评等。发展性测评可以灵活应用多种方式，例如，在线教学系统会有学生们主动学习情况的记录、老师与学生正式的交谈记录，方便学生对自己的学习情况进行明确的了解和掌握，有针对性地提高自己的学习能力。

一个学期的学习完成后，进行最终性测评，称为终极性测评，主要含有期末测评和阶段性测评。这种测评主要考查学生在这个学期的英语课程学习的掌握情况，对听、说、读、写各方面的知识的掌握情况和获得的能力都要进行测评。

在有效完成课程的逐渐递增的各种标准要求时，学校的教学课程已经相当成熟，同时学校可以以自命题的方式积极开展测评，并且有资格参与其他教育机构或者教育部门开展的知识测评，不管使用什么样的方式，学生们使用外语的社交能力要全面地体现出来，特别是听和说的能力。

教学评估还包含对教师的评价，对教师的评估应该更全面一些，就是教学程序和教学成果的评价，学生们的测评分数不是评价教师教学能力的唯一依据，还要考虑教师的教学风格、教学手段、教学的责任心等。

所以，教育机构和各大高校应该将外语教学测评纳入学生本科结业之中。

产出导向法视域下的大学英语教学研究

第二节 大学英语教材简介

教材在英语教学中起着毋庸置疑的重要作用,是融时代特色、教学目标、先进教学理念和学习认知规律于一体的教学材料。《大学英语课程教学要求》(以下简称《课程要求》)是现在大学英语教材编写的主要依据,明确指出了大学英语教学应培养学生的英语综合应用能力、交际能力、学习能力以及文化素养。

一、《新视野大学英语》教材

《新视野大学英语》于2001年首次出版,是一套教学理念独到、教学模式创新的立体化大学英语教材。自出版以来,该教材便受到高校师生的广泛好评。其所引领的将计算机网络技术引入大学英语教学的模式取得了显著的教学效果。

《新视野大学英语》是教育部"新世纪网络课程建设工程"重点项目之一,已通过教育部验收,审定级别为优秀。《新视野大学英语》是教育部普通高等教育"十五"国家级规划教材,也是教育部大学外语类推荐教材,曾获得上海市优秀教材一等奖。

(一)《新视野大学英语》教材简介

《新视野大学英语》提供课本、光盘与网络课程三种不同的载体,既可以选择使用,也可以组合使用;既保持了传统课堂教学的优势,鼓励优秀教师讲授课程,也提倡传统课堂教学与基于网络和计算机教学的课程相结合,为实现《课程要求》提供了条件和基础。《课程要求》指出:"各高等学校应充分利用多媒体和网络技术,采用新的教学模式改进原来的以教师讲授为主的单一课堂教学模式。新的教学模式应以现代信息技术,特别是网络技术为支撑,使英语教学不受时间和地点的限制,朝着个性化学习,自主式学习方向发展。"在《新视野大学英语》的设计中,《读写教程》与《听说教程》同为主体教材,也体现了《课程要求》关于"大学英语的教学目标是培养学生英语综合应用能力,特别是听说能力"的改革要求。①

《新视野大学英语》是大学英语课的指定教材,也是优秀的外语教材,它开阔了大学英语发展的空间,下面就详细讲解一下它在教材撰写、内容设计和课本制作方面所做出的创新和突破。

(1) 拓展了教学内容。《新视野大学英语》与时俱进,开创了网络课程,值得一提的是,网络课程不仅开放所有教学内容,而且内容还极为详细。网络课程上,有大学生必修的基本内容,更贴心的是,网络课程为了使教师能根据自己的教学习惯制定教学方案和制作课件,还专门设计了网上工具,教师可自主修改、完善和增添教学内容。另外,网络课程也考虑到了学生的学习需求,为学生们提供了与教材内容有关的学习网址,学生可以根据自己的需求进行学习。在教学上,有教材的基本教学内容和被拓展的教学内容两个部分,教师在教学时是不能把两个部分都当作重点知识来讲的,应该注重基本的教学内容,进行侧重讲解。

(2) 理论与实践相结合。从 1980 年开始,我国就从国外引进了许多语言类学科教材和经典著作,各个高校的英语教师也不负众望,他们学以致用,研读过这些教材和名著的理论后,主动把经典理论运用到了课堂以及自己的学术研究上。编写《新视野大学英语》教材的工作者们,在教学内容撰写、内容设计和教材制作的过程中,很注重科学正确的理论对于教学实践的指导性作用。为什么要学英语呢?理由很简单,为了与人交流,笔者认为这也是语言之所以存在的最大意义。因此,语言教学就需要把交流能力和语言知识结合起来。之前,在英语课堂上,教师们也会安排一些课堂练习或者组织一些课堂活动,老师们这样做的目的可能是想重点培养一下学生们的某一种能力,但是这种教学模式要想获得成功,更多的还是需要学生们使用其他的交流沟通技能。《新视野大学英语》最大的优点就是把提高大学生英语综合使用能力放在了第一位,在教材中,它以应用为教学基础,做到了写、读、说、听多方面的培养。

---

① 李晨,吴婷,郑锦菁. 新形势下的大学英语"产出导向法"教学效果实验研究 [J]. 吉林广播电视大学学报,2018,196 (4):68 - 70 + 73.

(3) 课堂教学和网络教学相结合。《新视野大学英语》拥有传统课程和网络课程的很多优点，同时拥有英语教学内容传输和学习管理两大教学内容，它在追踪学生学习与练习的过程中，还能自动保存学生的全部学习状况，而且学生还可以随时随地查询学习成绩。另外，网络课程也给老师们提供了各个学习阶段的试题库，同时提供了考试流程，安排了考试环境。《新视野大学英语》通过网络技术，弱化了时间和空间对学生学习的限制作用，网络课件设置了电子邮件板块和线上交流互动板块，这一设置，让学生在线上就能和老师、同学进行交流讨论，但是这些都只是对传统课堂教学的拓展、完善以及巩固，无法替代课堂教学师生面对面交流的课堂教学是所有教学方式中最重要的手段。在出现了网络课程教学，并且教学内容越来越多种多样的状况下，老师在课堂上应当精简教学内容，杜绝重复累赘，增加课堂上面对面辅导学生的比重。

(4) 兼容传统教材、光盘资料和网络课程。《新视野大学英语》教材中兼容了传统教材、光盘资料和网络课程。传统的英语教材是历年文化精华的总汇，在它的影响下，培育出数不尽的人才。教材都有着一定的编写规则，置课本而不顾，会对传统教学习俗产生许多不利影响。因此，教学课本依然不能被抛弃，它是最基本的教学工具。一方面，教学课本、光盘资料和网络课程的兼容，有利于教学内容的延伸，教学内容由此以书本为起点，以网络为媒介，拓展到了丰富多彩的信息世界里；另一方面，教学课本、光盘资料和网络课程的兼容，使传统的你教什么我学什么的模式，逐渐转化到自由选择的教学模式中。这一兼容所引起的教学模式的改变，使学生既可以在课堂上听老师现场教学，又可以根据教学计划，实现网上自学，这种自学不受时间空间影响，还可以在网络上使用电子邮件、发言、通信等功能，与其他同学互动。

(二)《新视野大学英语》编写依据

《新视野大学英语》在坚持大学英语教学精髓的基础上，引进了国外科学、先进、有效的外语教学理念和模式，兼容了国际一流的教学资源、丰富的教学方法和科学的教学设计，非常有效地提高了大学生们的综合应用能力，同时也促使大学英语教学跨出了飞跃性的一步。

《新视野大学英语》在设计和编写中遵循以下整体原则：

（1）在课程性质上体现工具性与人文性的有机结合。《新视野大学英语》一方面遵循通用英语阶段语言学习规律，采取有效的教学方法，提高学生的英语综合运用水平；另一方面让学生学习课本知识并设计一些活动，可以培养学生的思维能力与创造能力，学习知识能让学生明理，让他们在进入社会、认识世界的过程中，拥有正确的价值取向，提高对各类文化和知识的理解能力，提高跨文化交际能力，从而实现工具性和人文性的有机统一。①

（2）教学目标强调学生的个性化教学需要。《新视野大学英语》根据大学阶段的教学需要，培养出具备综合运用能力的杰出人才。也希望通过这门课程的学习，提高学生的英语水平，增强他们的文化底蕴，提升他们的学习能力、交际能力。该教材共有四个别级，在主题内容、词汇分布和练习形式等方面充分考虑了难度的递进，学校可根据学生的起点水平进行个性化选择，使学生通过不同级别的学习达到通用英语阶段的基本要求或提高要求。

（3）在教学理念上体现"以教师为主导、以学生为主体"。《新视野大学英语》体现了"以教师为主导，以学生为主体"的教学理念，采用丰富多样的练习，激发学生的学习兴趣，便于教师灵活指导，选取最佳的教学方法，鼓励学生主动参与，提高课堂教学效果。此外，该教材注重培养学生的学习能力和学习策略，这就需要大学的教学活动，完全从"教"转向"学"。经过不断的实践发现，以团队形式开展的学习活动，能指导学生积极参与实践活动，用心去思考。通过讲解新的知识点、学习方法和事实热点，使学生学会正确的方法和思考方式。

（4）在教学手段上体现教学的立体化、个性化与便捷性。《新视野大学英语》充分体现了信息技术给教育模式带来的变革。该教材根据学生学习特点、教师教学习惯和学校教学环境的变化，创建升级版外语数字化教学平台，为教、学、评、测、研提供全方位的支持，实现课堂教学与自主学习的有效结合。同时，开拓交互式、开放式、移动式的功能和资源，突破了学生学习的时间空间限制，学生可进行自学式的个性化学习，这大大提高了教学的整体学习效率，也提升了学生们的学习效果。

---

① 赵娟. 大学英语教学研究［M］. 成都：西南财经大学出版社，2017.

(三)《新视野大学英语》教材特色

(1) 选材富有时代气息,体现思辨性和人文性。《新视野大学英语》注重网络技术和当代大学生的生理、学习特点,因此从题材和素材选择上,比较偏向具有时代色彩的内容,而且选题时,也比较注重知识性与趣味性相结合,知识内容安排上,故意让各个理论相互碰撞,同时也让各个理论相互补充。教学方式上也注重培养学生们的创新能力和善于思考的习惯,培养他们用不同的角度、不同的高度去做人做事,以及了解这个五彩缤纷的社会和世界。视听说分册包含丰富的英国广播公司(BBC)原版音(视)频,音(视)频中的对话语言生动、发音正宗,对话场景比较真实贴切,这样的教材设置不仅能使学生的视野变得开阔,而且能增强学生的理解能力和翻译能力,能让学生发自内心地去喜欢这门语言。

(2) 练习活动形式多样,培养语言能力和跨文化交际能力。《新视野大学英语》保持了练习的丰富性和系统性,并进一步加强了练习的思忧性、应用性和文化对比性。练习设计遵循语言学习的内在规律,目的明确、客观有序,既包括单项技能训练,也包括综合语言运用,输入与输出结合、线下与线上结合。在进行语言能力训练的同时,加入思维方面的训练,培养学生的多元化文化意识,以提问的课堂形式,引导学生主动思考,采用场景模拟的对话交流方式,培养学生的语言运用能力和沟通能力,通过西方文化的翻译讲解,让学生主动思考中西方之间存在的文化差异。

(3) 教学设计循序渐进,打好基础,学用结合。《新视野大学英语》的教材设计基于对大学生英语水平和高校英语教学现状的细致调研,其编写充分考虑了基础教育阶段与高等教育阶段英语教学的衔接,各级别定位清晰,难度逐步提升。该教材通过科学严谨的材料选择与词汇编制,对核心词汇及搭配的重点练习以及对语言技能的综合训练,帮助学生进一步打好语言基本功。同时,该教材注意语言知识与语言应用的关系,通过练习引导学生掌握规律,举一反三,活用语言,提高语言的实际应用能力。

(4) 教学资源丰富立体,引领混合式教学模式。《新视野大学英语》倡导课堂教育与自主学习结合的混合式教学模式,通过创建全新的外语数字化教学平台,提供丰富的教学资料、立体的教学环境和便捷的教学管理功能。除主干课程外,网络课程体系中新增配套类课程(如"长篇阅读"和"综合训练"等)和拓展类课程(如文化课程、口语课程、写作课程、ESP课程等),院校可自主选择线下、线上或混合教学的模式。同时,新的教学平台同步推出"优课"(Uclass)和"外研随身学"等移动教学和学习工具,优化教学体验,提升教学效率,帮助学生充分利用碎片化时间,向主动学习、自主学习、个性化学习的方向发展。

(5)教学与评估并重,帮助教师实现教学相长。一方面,《新视野大学英语》为教师们提供了各式各样的教材资源,使其可以自主选择教学方式和教学资料,同时教师们还可以把自己精心制作的教案、教学课件以及教学心得分享到"Ucreate"专属教师交流平台,鼓励教师们相互学习,取长补短,不断促进英语教学的创新和改进。另一方面,《新视野大学英语》拥有阶段性与完结性的测评系统,教师可以在教授完一阶段课程后,及时了解学生对所教知识的掌握程度,从而整改教学方式,尝试更多科学有效的教学方法。随时随地的网上交互式学习模式、多元化教学模式、学习测评模式等新的学习模式的探索,可以给教师们提供更多的教学思路、研究方向和教学案例,促进教师们在教学方面和学术方面共同发展。

二、《全新版大学英语综合教程》教材

李荫华、王德明主编的《全新版大学英语综合教程》旨在指导学生在深入研究、学习教材知识内容的基础之上,从文章的各个组成部分进行传统的由听到说、由说到读、由读到写、由写到译的多角度语言训练,旨在提高学生们的综合应用能力。这本教材使用了折中主义的教学模式,使用了基于教学主题的多角度综合训练的授课方式。

(一)《全新版大学英语综合教程》编写宗旨

《全新版大学英语综合教程》的编写宗旨是遵守英语教学的根本规则,同时满足学生在英语学习方面的切实需求,做到了课堂教学和课后利用网络自主学习

相结合,不但使学生的语言基础变得更加扎实,而且使其英语综合应用能力也得到了极大的提高,其中听、说、写的能力最为重要,因为在今后的学习、生活和工作中,掌握了听、说、写能力,就可以自如地运用英语。

(二)《全新版大学英语综合教程》编写指导方针

《全新版大学英语综合教程》的撰写,采用了我国在成立英语课程教学过程中逐步探索出来的经典教学方法和经验,详细解读了学生在学习英语的过程和文化交流中时常发生的一些问题,它引入国外优秀的、有效的教学方法和教学理论,并结合我国目前的教学条件和教学需要加以加工改进,自主进行教材选择和编写。所以,《全新版大学英语综合教程》的编写,统筹了国内和国外教学方法的优点,是一种折中主义的教学模式。

(三)《全新版大学英语综合教程》编写原则

(1)《全新版大学英语综合教程》的编写,使用了一个单元讲述一个主题的编写形式,而且主题多半都是来自目前生活中比较热门的话题,这样做的好处是,可以把英语学习融入探讨、思考日常生活发生的各式各样问题中去,充分利用实践法、交流法的教学规则。当然每个章节的学习主题之间都会有一定的关联。

(2)教学素材选用目前英语的通用语体或者是经典文体。文章用语规范、用词精美、行文生动,文章主题思想可以启迪学生思考;素材多样化,现实生活写照居多,科学类、艺术类、人文历史类都占有一定比例;行文语言中书面语和口语都有兼容。

(3)倡导基础课堂教学与网络教学相结合的创新型教学方式。引入互联网教学模式,不但突破了时间和空间对教学的限制,而且有利于学生自主安排学习、进行语言练习和学习效果检测,也有利于师生互动。但这种模式不能太过死板,必须具备灵活性,因为各个学校、各个班级之间的学习状况和学习需求都存在着差异性。因此,网络教学和课堂教学之间应当优势互补、相辅相成,共同促进大学英语教育不断发展进步。

（4）主张学生个性化地安排自己的学习，同时注重教师在教学上的重要作用。教师能否统筹好课堂教学和网络教学是教学是否有效的关键。课堂教学与课外辅导学习应当统筹兼顾。教师教学的重点，应引导学生找到正确有效的学习方法以及培养学生的学习兴趣。

（5）因为每个大学生都需参加大学英语四六级考试，因此教程中，会安排部分四六级考题模拟题型，供学生练习，此外《全新版大学英语综合教程》参考了四六级的考试题目，设计了"自我测试练习"的板块，帮助学生提前了解四六级考试的题型。

（6）课后练习题目的设计，以提高学生理解能力和语言应用能力为基础，刻意改进了我国学生英语学习的薄弱环节，以及完善学生学习的实际需要，提倡交互式和阶段性任务的学习模式。

（7）着重培养学生的文化内涵和对世界文化的理解。大学英语从其实质上看，不单纯是一门语言基础学科，而是一门拓宽学生知识层面、开阔视野、接触世界文化的综合性教育学科，兼具方法性和学习性。

（8）统筹兼顾由说到读、由读到写、由写到译的多角度语言训练。使大学生在今后的学习、工作和生活中，能较好地去应用这门语言，这不仅是大学英语学习所要达到的目的，也是大学生日后学习、生活、工作的切实需要，而要想学好英语，就必须不断地读和听一定量的教学素材，以达到锻炼的目的。因此，必须把课内课外、线上线下的一系列教学活动结合起来，以全面提高学生由说到读、由读到写、由写到译的全方位应用能力。

第四章

产出导向法及其理论体系构建

产出导向法理论体系在教学内容、教学模式、教学评价等方面实现了教学改革，极大程度地提高了教学质量，顺应了时代发展需求。本章对产出导向法进行概述，并论述产出导向法理论体系的构建。

第一节 产出导向法概述

产出导向法这一创新型方法，是在英语专业技能课程改革过程中，由文秋芳教授提出的教学理论。经过多年的发展，产出导向法由"输出驱动假设"发展到"输出驱动—输入促成假设"，最终发展到产出导向法这一体系。整个过程凝结着国内、国外教育研究者的心血，其中包含着理论的不断创新发展，以及对该理论的实践成果。对产出导向法这一方法贡献最大的是文秋芳教授。产出导向法提出后，在英语教学方法本土化的过程中，很多教育专家在运用该方法时对其不断地丰富发展。[①]

产出导向法主要基于"学习中心说""学用一体说""全人教育说"三个教学理念。这三个教学理念指导着教学假设和教学流程。教学假设主要包括"输出

[①] 刘小杏，黄小芳. 基于"产出导向法"的大学英语教学改革与实验研究[J]. 河北软件职业技术学院学报，2017（1）.

第四章 产出导向法及其理论体系构建

驱动假设""输入促成假设"以及"选择性学习假设"。这三个教学假设也为产出导向法的教学流程提供理论依据。产出导向法的教学流程共由三个教学环节——驱动环节、促成环节、评价环节构成。教学流程也在实践中体现着产出导向法的教学理念和教学假设。以致更多学者对产出导向法有了更深刻、更清晰的了解。在清晰地了解产出导向法后,能够准确地应用在英语教学的各个领域,提高英语的教学效果。

第二节 产出导向法理论体系的构建

"教学理念""教学假设""教学流程"这三部分构成了产出导向法。其中"教学理念"是其他两部分的指导思想;"教学假设"是"教学流程"的理论支撑;"教学流程"是"教学理念"和"教学假设"的实现方式,同时教师的中介作用体现在"教学流程"的各个环节之中。

一、产出导向法的教学理念研究

对教学和学习过程的认识及其体验就是对"教学理念"的基本看法。对于教学理念的准确认识,是高效开展教学活动的关键因素。这里主要对产出导向性进行探讨。产品导向法教学理论研究明确列出了三个方面的内容,具体包括学习中心说、学用一体说、全人教育说,

(1)学习中心说。与20世纪末以前我国提倡的"教师中心说"大有不同,"教师中心说"以教师为主,重视教师对于学科的培养,而"学生中心说"以学生为主,从而弥补了之前"教师中心说"忽略学生主动性这个缺陷。正是由于"教师中心说"在学生的主动性和积极性方面极度欠缺,早在20世纪末21世纪初,很多教育专家就已经开始想要一步步降低"教师中心说"的影响力,当时,"学生中心说"由美国教育家杜威的"儿童中心说"得以引进发展。这对于我国外语教学有着极其利好的作用,但同时也存在一些挑战因素。"学生中心说"与

之前过分强调的"教师中心说"相比,学生的作用扩大化、权利增强化、选择广泛化……使教师在教学过程中,对于教学内容和目标缺乏主见和权威,教学单单围绕学生的爱好和想法出发,这种情况严重阻碍了教学的发展进程。所以,关于是否将"学生中心说"严格贯彻落实下去,还有待商榷。在这一过程中,我国教育专家也在竭力思考解决办法。之前的"教师中心论"似乎被重复提出,但相较之前又有所不同,"教师主导,学生主体"的理论指在教学中发挥学生主动创造性的过程时,由老师把控整个教学局面,教学目标、内容和方法都由老师全权做主,起到一种总指挥的作用。两者存在一种谁都是主体,又谁都不是主体的良性关系。

再看"学习中心说",其实它并不是片面强调学生在教学活动中的主体作用,而是强调教师的教学活动应该围绕学生展开,使得教师教学和学生学习两者达到有效的平衡效果。从这一基础出发,"学习中心说"就成为体现学校教育最本质特点的理论了。以"学生中心说"为指导而展开的教学活动,是教学两者的"合作",在教师完成教学内容和目标的同时,学生完成学习活动。但是要完成这一高效的合作过程,对教师的要求也是极高的,教师应该充分利用教学的有限时间,透彻了解教学的全过程,做到让学生全力投入学习的状态。既然是以学生为主体,就要做到:每一分钟、每个教学环节、每个教学任务都为学生所用,对学生的学习产生积极效果。这在大学外语教学中显得尤其重要。

(2)学用一体说。提到"教师中心说"时,我们会想到"学生中心说",提到"教师中心说"时,也会想到与它对应的"教材中心说"。有一段时间,"教材中心说"讨论热度极高。"教材中心",顾名思义,强调教材及课本的重要性,强调理论,忽视实践活动。由于社会的现实性,这一弊端很快显现。于是在这一基础上,产生了"学用一体说",就是在学习教材理论知识的基础上,也要重视运用理论到实践活动中。这种理念的提出,不是在强调实践的同时片面舍弃课本材料,而是主张用课本指导实践应用。重点在于怎么借助教材使实践展现最大效果。但是将这一观点采纳到英语教学中还存在着大量争议。尤其对于当前的高中英语教学阶段来说存在隐忧,高中教学时间紧、任务重,而上述观点不仅要考虑教学,还要考虑教学与实践的结合和辅助,这无疑增大了高中生对于英语知识的输入与输出长度。短暂紧缺的时间让教师无力顾及实践的内容,而学生也无力进入实践活动。也就是输入达到要求,但是输出很难达到。

随着现在对"学用一体说"理念的高度关注,更应该强调教学活动中教学的内容与实践的整体应用性,应该达到学以致用的效果。例如,现在英语教学从小学三年级开始,然而有的学生到了高中依然是"哑巴英语"的学习模式,近十年的教学完全没有真正"学以致用"。所以应该多加关注"学用一体说",让教师的英语教学与实践应用相联系,让学生"哑巴英语"的现象减少,让运用英语随处可见。

(3)全人教育说。"全人教育说"首先在于教学的对象,即学生本人。教育学生,最基础的就是应该帮助学生做到有思想、有感情。在关注学生教育的同时,更要促进学生的全面发展,也就是现在高度提倡的素质教育。就外语教学而言,英语学习不仅在于应对考试,还要注重英语在交际方面的作用,这才是学生综合素质的高度表现,才是"全人教育说"的体现。高中的英语教学过程中,不仅要关注学生的多场考试,更要在教学过程中,注重人文性的培养、交际的应用。"全人教育说"应该是每个教育者都时刻铭记的,并且以此来指导教学工作,方便在教学中明确工具性目标和人文性目标。

关于工具性目标和人文性目标的教学安排,教师要以培养学生正确三观为方向,教学内容的情感目标有必要进一步提高,教学素材的选择应多考虑富含人文性的内容,教学活动应该创新化、人文化,在教学过程中,以增强学生团结互助为目标,调整评价方式,使形成性评价与终结性评价相适应,教师评价与同伴评价相结合,这样在培养三观的同时,增强精神力量,培养高尚情操,及时准确地了解学生信息,推动学生积极健康的生活。

二、产出导向法的教学假设分析

产出导向法理论指导下的教学假设,主要由输出驱动假设、输入促成假设、选择性学习假设组成。

(1)输出驱动假设。其实早在20世纪80年代,就有学者曾经在第二外语习得理论中提出过输入假设、输出假设。正因为这种提出,输出驱动就为现在的产出导向法输出驱动假设建立了基础。当然,这两者间还是存在极大的不同之处。虽然"输出假设"和"输出驱动假设"都增强了产出的速度,学生在此过程中也可以得到输出的面貌展现和输出结果的差别，这样有利于学生学习语言的进步，而且学生会更关注在输出情况下的自我学习状态，增强自我审视意识，但是在"输出假设"与"输出驱动假设"主流方向上，是存在极大差异的：前者关注第二外语习得理论，它更强调输入的重要性，关注输入质量和数量，而减少输出对学生学习的影响；后者则比较关注第二外语习得教学领域，强调输出的重要性，这样学生不仅会关注输入知识的多少，还会更加关注输出多少，从而找到自身的不足，加以改进，更能实现进步的效果。理所当然，当学生对输出关注点更高时，意味着对教学中教师的能力提出了更高的要求。

（2）输入促成假设。产出导向法以"输出驱动假设"为基础、以"输入促成假设"为后续。因为在上述"输出驱动假设"上，对教师教学提出了更高的教学要求，所以整个教学活动，不单依靠输出驱动，而是要求教师在输出驱动之前，做更多的准备工作，要充当"先行组织者"，在教学活动未进行之前，提供合适的教学兴趣，让学生在教学之前就得以充实提高，这样的举措必然会帮助整个教学活动更加成功。

（3）选择性学习假设。"选择性学习"建立在"输入促成假设"理念之上，因为"输出驱动假设"强调输出的结果，那么我们就可以从产出中获得大量结论，从而在"输入促成假设"中根据结论做出适当调整，在学习任务重、学习时间紧等各种复杂条件下，找到更便于学生学习的教学活动。这样的"选择性学习假设"相当于根据学生的具体需要而进行的有针对性的安排。相信该项理论的提出更能提高教学成绩。

三、产出导向法指导下的教学流程

产出导向法指导下的教学流程主要由驱动、促成、评价三个环节组成。其中教师担当的作用是中介。

（1）驱动环节。产出导向法以学生创造性为目标点，在整个教学活动最开始，设计一个全新的模块，通过模拟实际教学环境，让学生在教学最初就明白自己与教学活动的中间差，从而发现自身所面临的不足，让学生产生学习的兴趣，并且激发后续学习的能力。在这个过程中，首先是对场景的选择，应该选取交际性强、话题有挑战效果、有社会融入度,并且与社会热点话题相呼应的场景;其次是引导学生积极进行此模块的尝试,推断最后的自身产出效果;最后是教师要明确指出此模块的意义,让学生明白此模块与教学的联系,方便之后的正式教学活动展开。

(2)促成环节。促成环节,顾名思义,就是强调"促成"的作用,这就要求教师在教学过程中,起到一种"中介"的作用。教师应明确学生的学习趋向,不仅提供学习材料和学习方法,还要对学生的产出过程进行指导和检查,产生实时围绕的促进效果。"促成环节"包括三个步骤:①教师讲述产出任务,指出学生应该怎么做;②学生根据产出任务自觉选择学习的内容,而教师只是在旁边起到指导学习和辅助的作用;③学生根据自己的选择深入学习过程,教师全程监督和协助学生完成。

(3)评价环节。评价环节就是对学生的产出任务进行评价,这种评价能起到激励学生、提高教学成绩的作用。它主要包括两个类型,一个是即时评价,另一个是延时评价。前者强调在未完成前就进行反省;后者是当完成一系列的学习,在老师的指导下完成自己的任务后,交予教师进行的评价工作。前者地点一般以课堂为主,后者地点不限,大部分都是在课堂外。不管是即时评价还是延时评价,都存在三个具体步骤:①教师与学生一起商定关于评价的具体实施标准;②学生在有限的时间内,按老师的要求,上交评价作业(产出任务);③正式开展评价工作,并且存进学生成长档案袋,便于查询学生状态,让学生了解自己的成长过程,让教师对学生有了解的依据。

第五章

产出导向法视域下的英语教学方法与文化教学

产出导向法是一种新型的教学模式,其将输出与输入教学模式放在首位,是一套适用于英语教学的全新理论。本章对大学英语教学方法进行解读,分析大学英语教学中的文化教学,并探究以人文素质为本的大学英语教学创新。

第一节 大学英语教学方法解读

一、英语语法翻译法

语法翻译法是英语教学的一种方法,以翻译和语法学习为主要的教学活动。欧洲传统的希腊语和拉丁语教学就采用语法翻译法。自19世纪开始,这种方法就被用于诸如德语、法语和英语的教学,在现今许多国家的语言教学领域得到广泛应用。

(1) 语言认识与学习观念。语法翻译法的运用过程会将目标语视为完整的规则系统,并将其分解到句型与文本之中,联系母语的意义与规则进行讲解,因而语言学习的过程常被视为涉及规则的学习与记忆、翻译手段与母语意义和规则互联的智识操作活动。

(2) 教师的语言学习认知。对于使用语法翻译法的教师来说，英语讲解旨在通过指导学生的英语学习，培养学生阅读并理解英文原著的能力。为此，讲解英语语法规则和词汇是极为必要的，只有学生掌握了语法规则与基本词汇，才能在理解的基础上对文章进行翻译。对语法翻译法颇有好感的教师还坚持认为，背诵英语词汇、语法规则并加强翻译练习，可以使学生在英语学习的过程中得到思维与逻辑的锻炼，使智慧得以培育、智能得以提升。

(3) 课堂教学活动的设计。理解整篇课文的主旨，在此基础上将课文拆分成短句，并将短句翻译成母语，重点讲解短句与段落中的语法规则，然后将短句组合成课文，对其进行更深层次的理解，这些活动构成了语法翻译法的主要课堂教学活动。

采用语法翻译法进行教学活动设计的流程如下：首先，教师会针对授课主题（如 Paulo Coelho 的 *The Alchemist*），用母语简单介绍文章的作者和作品的创作背景，并译述文章大意，以便学生形成对文章的整体感知和初步理解。其次，教师朗读并讲解单词表中的单词，学生在跟读学习的过程中，了解单词的意义与发音。最后，教师朗读课文句段，用母语对生词、短语和句型的意义给出解释。在翻译的过程中，当教师遇到诸如词句的惯用语法时，会在详细解释的基础上，举例说明这类语法规则、语言现象和词句用法。总之，在用语法翻译法开展课堂教学活动时，语法讲解与逐句翻译是教学活动设计的中心，在课堂活动中耗时最多。

(4) 偏重读写能力的培养。语法翻译法对词汇和语法学习的重视，使学生的阅读与写作能力得到了切实有效的培养与提高，而学生的听力与口语交际能力则缺乏指导。

(5) 教材的组织与编写。考虑到语法翻译法对教学材料的内容要求规格较高，因此，教材多改编自英文原著或世界名著的改写与简写版本。为了便于学生理解课文中的语法现象和用语逻辑，在组织教材内容时，多采用线性排列法，并在课文后附有语法项目的答疑解惑和专项练习，以及单词与人名、地名等的双语对照表。对于单词表的设计，可以根据课文内容，选择生僻词或者一词多义类的单词加以汇编。

(6) 教师与学生的角色分配。使用语法翻译法开展课堂教学活动时，教师是课堂教学活动的组织者、是语言知识的传授者、是语法教学任务的承担者。教学活动中的学生需要按照教师的教导和指示,理解、学习、掌握有关的语法知识。

(7) 母语的使用要点。作为语法翻译法的主要教学用语,教师在翻译目标语时,需要用到母语;在讲解语法知识时,也需要用到母语;在回答学生提出的问题时,还是需要用到母语。此外,英语只有被翻译成母语,才能有助于学生更好地理解。

(8) 及时纠正学生所犯的错误。语法翻译法的使用,对语言的准确性要求较高,教师在讲解翻译知识时,难免会对学生的翻译水平充满期待。面对学生翻译过程中出现的错误,教师应该予以及时纠正,并分析学生的犯错原因,同时给出正确的习题答案。

二、直接法英语教学

直接法是英语教学的一种方法,具有以下特点:
第一,只使用目标语进行教学。
第二,意义通过语言、动作、物体等手段结合情景来表达。
第三,先教说,然后教读、写。
第四,用归纳法讲授语法。
直接法在19世纪末是作为对语法翻译法的批判而创立的。

(1) 语言和语言学习的观点。主张直接法的学者认为口语而非笔头语是第一性的,所以学生应学习日常使用的目标语。英语学习和母语学习相似,语言学习过程可用联想心理学解释。因此,可以将英语教学与教室、家庭、街道等不同环境中的实物、人物等联系起来。

(2) 教师对学生能力的培养认知。运用直接法开展教学活动的教师,重在培养学生的英语交际能力。对于英语学习者来说,听说能力与读写能力同等重要,必须均衡培养,但是,在直接法的初级阶段,教师会偏重于培养学生的口语表达能力。为了帮助学生快速地用英语进行沟通交流,教师需要在指导学生掌握英语听说技能的基础上,培养学生养成英语思维,帮助学生摆脱母语表达的干扰,实现英语对思想的自由表达。

(3) 直接法的教学活动特点。直接法得名于这种方法的教学主张,即在教学活动中,将事物同其意义与英语词语直接关联,这种直接的联系不需要任何翻译中介。因此,直接法重在培养学生的英语交际能力,具体到起步阶段,就是对学生口语交际能力的培养。总体来说,应用直接法的课堂教学活动,主要具备以下三个特点:

第一,教学全程使用英语。教师在开展教学活动时,需要全程使用英语,对文章中的字词与句段进行解释,必要时会配合使用表情、手势、图画与实物等更为直观的手段,以便意义更加清晰地呈现。

第二,教学活动形式丰富。教学活动中采用的问答、朗读与模仿等形式,有助于学生掌握正确的英语发音的语音、语调和口语表达方法。直接法重视学生听说与读写能力的同步培养,既重视学生听说技能的训练,又不忘学生读写技能的提高。

第三,以句子为交际单位。学生在回答教师的提问时,必须用完整的句子表达所思所想,因而句子成为口语交际的载体与单位。

(4) 偏重口语表达能力的培养。与语法翻译法重视语法规则的讲解不同,直接法对英语的听说能力和读写能力同样看重。特别是在英语学习的起步阶段,对学生口语表达能力的培养,成为教师的教学关注重点,英语阅读与写作的材料也是根据口语内容设计的。由于教师对学生口语表达技能的指导,使学生初步具备良好的词汇基础和标准的语言发音。

(5) 教学材料的设计。主张直接法的学者在编写教材时,很注意使用"活语言"作基本材料,在教材中安排讲授"日常用语",以使学生能学用结合,学以致用。有些学者认为,按直接法的教学大纲编写教材是以情景或以某一话题为基础的(如教授谈论"天气""地理"等话题的语言)。

(6) 教师和学生的作用。虽然在直接法的课堂中教师主持所有的教学活动,但学生要比在语法翻译法中主动得多。教师和学生是一种搭档(或伙伴)的关系,学生可以向教师提问和回答教师的问题,教师可以向学生提问和回答学生的问题。此外,学生也可以与学生之间进行对话并讨论问题。

(7) 母语的作用。由于直接法强调语言形式同客观表象之间联系的直接性,认为在英语形式和客观表象之间不应加入相应的母语形式,否则,母语将会成为学习英语的障碍，干扰英语的学习。因此，直接法主张全英语式教学，不应该在英语课堂中使用母语。

（8）对待学生错误的态度。从教学法简史中可以知道，直接法是在学者对学生学习母语、运用母语进行观察研究的基础上建立起来的，而学生学习母语，犯错误是不可避免的，教师不会过多指责学生的错误，相反他们会以不同的形式，讲出正确的语言，好让学生自己去纠正错误。

三、情景法英语教学

情景法又称口语情景法，是20世纪30~60年代由英国应用语言学家创立的英语教学法。情景法的影响较大，现在许多学校仍在使用按它的原则编写出来的教科书、工具书和字典，如《新概念英语》（New Concept English）、《英语句型和惯用法》（Guide to Patterns and Usage in English）和《现代高级英语学生字典》（The Advanced Learner's Dictionary of Current English，后来改名为 Oxford Advanced Learner's Dictionary of Current English）。虽然情景法和听说法具有共同的理论基础，但是情景法也有不同于听说法的特点，即它强调语言在情景中的应用。

（1）语言和语言学习的观点。情景法的语言观是英国的结构主义。口语是语言的基础，结构是讲话能力的核心，应在情景中通过口头练习来学习语言结构。学习语言有三个过程，即接受语言输入，通过重复操练熟记语言并在实际练习中使之变为个人技能。很明显，行为主义的语言学习观是习惯形成理论。

（2）教师的教学目的。使用情景法的教师希望通过英语教学培养学生四种基本的语言技巧，即听、说、读、写的技巧。他们认为这些技巧是通过对语言结构的掌握获得的，而语言结构又是通过口语的训练来掌握的。

（3）主要的教学活动和特点。亚历山大为使教师能遵循情景法的教学原则和操作步骤去教授《新概念英语》，在教师用书中，他不但就每册课本提出了具体的操作步骤，而且对每一课的课堂活动也做出了详细的说明。《新概念英语》的教学活动可以概括为：提出情景，学习语言；听说领先，反复操练；书面练习，巩固结构。

教师首先根据课本中提供的图画（情景）向学生说明将要学习的内容，接

第五章　产出导向法视域下的英语教学方法与文化教学

着是听力训练：听对话或课文的朗读（或录音）。由于教师要求学生合书而听，在这一阶段，学生只接触到声音符号和图画提供的信息，没有与文字符号打交道。其次教师开始对课文或对话进行讲解，并要求学生明白新的词汇和语法结构。教师用英语解释，但碰到特别困难的词汇和结构时，也可用母语讲解。在学生理解课文内容的基础上，教师指导学生对课文的重点结构进行操练。操练时，教师向学生提供一定的语言线索或情景，控制操练的内容，学生则按要求口头操练不同的语言结构。

（4）强调哪一方面能力的培养。虽然情景法的目标是培养学生听、说、读、写的能力，但是它强调的仍然是听、说方面的能力。在主张情景法的学者看来，口语是第一性的，是笔头语的基础，是在教学中应强调的方面。

（5）教学材料的设计。情景法的教材在编写方面有如下两个明显的特点：①按照语言项目的出现频率，选择词汇和语法项目，常用的先安排、先教授；②按照从简单到复杂的原则安排和组织教学内容。《新概念英语》明确地体现了这两个编写原则。就词汇项目而言，它首先覆盖韦斯特所编的常用词汇表中的2000个常用词，其次才教授一些较难和出现频率较低的词；就语法结构而言，首先教授简单句，其次教授并列句，最后才是复合句。

（6）教师与学生的角色分工。情景教学法中的教师，既是语言模范又是课堂主导，是课堂教学活动的指挥者和设计者。作为语言模范的教师，在设计教学情景时，需要注重自身英语发音语调的规范，为学生的模仿行为树立尽可能高的标准；作为课堂主导的教师，需要对课堂的组织活动进行实时控制；作为活动设计者的教师，需要留心学生的错误，并在后续设计教学活动时注重纠正学生易犯的错误。

入门阶段的学生充当模仿者的角色，重在模仿教师的标准发音和语调，并按照教师的指令行事。学生的语言水平提高后，教师会通过对话的形式鼓励学生多用英语提问，并减少对学生语言学习过程的操控。

（7）母语的辅助配合作用。在情景教学法的课堂上，英语是主要的教学语言，教师在组织教学活动、解释文章背景并布置课后作业时，所用到的语言只能是英语。如果教师在语言词汇与句法结构的讲解过程中，用英语无法解释清楚，可以考虑使用母语讲解，但应该严禁学生的母语翻译行为。

（8）及时纠正学生所犯错误。对情景法有所研究的学者认为，发音语调与

· 85 ·

语法的准确是语言学习的关键。因此，教师应该留心学生可能会犯的错误，并对已犯错误予以及时纠正，以便于培养学生形成良好的语言习惯。

四、听说法英语教学

听说法是由美国语言学家建立起来的英语教学方法。它和直接法共同的地方是强调口语的第一性，强调口头能力的培养。但它也有自己的独特性，它认为语言是不同的，母语是英语学习的主要干扰，可以使用CA（Contrastive Analysis）对比分析母语和英语各个层面的异同，预测学习英语时碰到的困难：困难来源于两种语言的差异。"听说领先，读写跟上"，这可以说是听说法特点的一种表述。

（1）语言学习理论的支撑。语言的学习是一个完整的体系，在这个体系中，表意成分互联的单词的词素与音素、句型与语法，组成了结构化的语言系统。听说法就是在这种语言学理论的指导下诞生的，因而具备结构主义的理论基础。

具体到语言学习的理论支撑，行为主义成为了听说法的主要依据。根据行为主义的言语学习模式，要获得语言技能，就必须借助刺激的强化反应，这就要求学生对教师的言语刺激做出反应。因此，教师为了确保学生做出的强化反应是正确的、可以重复出现的，会要求学生加强对重要语言结构的反复练习，养成良好的语言习惯，注重听说法中的句型操练。①

（2）教师对教学行为的认知。对学生英语交际能力的培养，是教师使用听说法教学的初衷。在语言学习可以成为习惯（Language Defines Habits）的指导思想下，只有通过超负荷地学习（Over-loaded Learning）语言，配合词汇的发音、记忆与运用，才能掌握语言的结构，实现交际用语的自动化。为了能够在交际中不假思索地运用语言，学生在外语学习过程中，必须能够克服母语表达的习惯干扰。

（3）课堂教学活动的设计特点。重视口语教学的听说法，所选入教材中的文章，都以对话作为开始，而听说法的课堂教学也是从讲解对话逐步深入的。学生通过跟读并模仿教师的发音，可以理解词汇与句型，并在口语技能巩固之后，

---

① 曹倩瑜. 英语教学理论与教学法［M］. 西安：西安交通大学出版社，2017.

注重读写能力的强化与提高。

教师通常会在听说训练完成后，给学生布置读写任务，以便于巩固听说的学习效果。只有完成听说训练后的学生，才可以继续读写能力的培训。

（4）注重学生听说能力的培养。倡导听说法的学者普遍认为，口语的学习应该先于文字的学习，良好的听说能力的养成有助于读写能力的提升。因此，听说法注重培养学生的听说能力，听说训练占据了大量的课堂时间。学生的发音语调在课堂上得到了很好的纠正，语音实验室的运用，强化了学生对不同音位词句的区分练习。

（5）教材编写的技术要领。按照大纲结构编写教材，以及考虑学习者身处的文化背景和母语环境，尊重母语背景不同的学生的特点来编写教材，是听说法教材编写的两个明显特征。

结构大纲对语言的词汇、语音与语法有着较为详细的描述，由简入繁的排列顺序也有助于教材的编写。因此，有关发音要领学习的语音训练模块、语法训练模块和词汇训练模块在听说法的教材里极为普遍。然而，句型训练作为最重要、最基础的练习项目，是视听法言语结构学习的核心与关键。

将语言视为习惯，是结构主义理论分析语言学习的常用视角。由于英语和母语有所差异，因此，英语的学习必须以母语习惯的克服为前提。可以借助对比分析法，找出母语和英语在语法、词汇和语音方面的不同，从而确定母语习惯对英语学习的具体影响。所以，在教材的编写过程中，编写人员会系统地比较英语与母语的详细差异，并参考学习者的母语环境和文化背景，从而创作出面向不同群体的差异化教材。

（6）教师发挥主导作用。使用听说法开展教学活动时，教师既是学生英语学习的榜样，也是课堂活动的调度者。作为模仿者的学生，要尽量确保自身的发音与语调标准、规范，并缩短与教师的发音差距。无论是课堂上的句型操练还是对话教学，都离不开教师的指挥参与。教师应该善于掌握并控制好句型操练的程度与速度，对好学生予以鼓励，对学生所犯的错误予以纠正。因此，在某种程度上，听说教学法中的教师，发挥着极为重要的主导作用。

（7）母语的使用要点。受母语使用习惯的干扰，学生在运用听说法培养英语学习的新习惯时，必须克服对母语的依赖，并尝试着用英语进行思想的表达、沟通与交流。此外，为了确定学生英语学习的难点，可以采用对比分析的方法，对英语和母语的各个层面加以区分,解读英语与母语的异同,从而化解学生英语学习时遇到的难点。

(8) 及时纠正学生所犯错误。听说法将学生的英语学习过程视为语言习惯的养成过程,这个过程离不开大量的句型操练与正确的语音模仿。因此,在英语学习的入门阶段,教师就对学生有着严格的要求,确保学生做到准确地表达、模仿与理解,并对学生所犯的错误予以及时纠正,以培养学生形成良好的语言习惯。

第二节 大学英语教学中的文化教学

一、文化与文化教学的内涵

在社会历史实践中,人类对自然的认识及改造的过程中,形成的物质精神财富统称为文化,而文化在英语教学中,包括了英语国家的价值观念、行为规范、文学艺术、生活方式、传统习俗、风土人情、地理等。文化的载体是语言,对语言的学习,也就是对语言文化的学习过程,要想掌握一门语言,必然要对语言中的文化含义进行理解。

20世纪80年代中期,国内出现了大量的国外社会语言学研究,同时在哲学界出现了对中西文化交汇和内涵等问题的讨论,而针对文化教学的问题,英语界谈论了将近20年,最终得出共识:在很大程度上,文化教育意味着语言教学。

不过,英语文化教学在英语的全球化进程中,遭遇了前所未有的挑战。真实的跨文化交际,不同于一方对另一方文化习俗的遵守,而是在个体或群体间,始终处于两种文化协调、冲突的不断变化的过程中,双方的价值观念、文化身份等的不同,也会遭遇误解,这种误解可通过相互理解、协调消除,这体现出对彼此文化的尊重。文化教学在英语教学中,并非仅仅是跨越英语及汉语文化,而是强调当出现汉语文化以外的文化现象时,学习者对文化差异进行的解释,并对可能出现的误会偏见进行消除的能力。文化与语言是不可分割的，两者具有如下关系：①文化中的一部分便是语言，而语言是文化的载体，所以，在跨文化交际过程中，双方的母语文化经常体现出来；②语言中富含文化，它是记录文化的符号系统；③文化的产物是语言，语言作为文化的一面镜子进行呈现，它是对民族历史的记录，并反射出民族的文化心态，富含民族思维方式；④在双方交际过程中，如果没有更好地了解对方的文化，难免造成交际中断；⑤一个民族的语言是该民族文化的载体和表现形式，对该民族的文化不了解，也很难掌握该民族的语言。教师在英语教学中，为了使学生的交际及语言能力得到提高，应该导入学习文化内容，这样既使学生对异域文化进行了了解，培养了学生的文化意识，又训练了其四会技能，对语言知识进行了介绍，因此，教师在英语教学中，在语言教学时，必须对文化加以重视。

二、培养学生跨文化交际的基础理论

英语教学既要对学生的交际能力给予培养，便于他们运用英语掌握跨文化交际的能力，又要传授知识及语言。采用图式、迁移理论提供更多的启示，让学生深入了解英语教学和跨文化差异教育之间的紧密联系。

（1）英语教学的迁移理论。迁移理论在英语教学中较为常见，通过一些研究可知，在英语学习中，经常出现英语学习者使用到的语言形式的特点。上文提到文化的载体是语言，而学生的表达习惯及思维方式，常受到母语文化的熏陶，这样便使他们在跨文化交际中，下意识地迁移到目的语中，文化迁移现象得以呈现。而中西文化之间存在太多的差异，不利于顺利交际，更为甚者会造成一定程度的误解，所以，英语教学将培养学生跨文化交际能力作为终极目标，其中必须存在的环节就是文化教学。

（2）英语教学的图式理论。持有图示理论观点的人们认为，大脑中存在的背景知识，便是对世界的认知，而人们不断增加的知识会在大脑中形成主次、大小及高低等的图式群及经济、文化、政治等类别，而图式的样式与背景知识成正比，越丰富的背景知识，图式越多；而对新知识的解读，也随着图式的增多变得较为容易。英语习得受到文化图式的影响较大，而文化图式是众多图式类型中较为重要的类别，它是在民俗、习俗、风土人情等内容基础上建立起来的知识结构。建立的文化图式及对文化知识的传授，有助于学生对语言的理解，当他们遇到文化差异导致的各种问题及障碍时，便可通过大脑中存储的文化图式来进行解决。

三、影响英语学习的语言文化

学生在学习英语时，出现诸如失败的交际、偏差的理解或残缺的识记等问题，出现这种现象的原因在于，语言和文化关系过于紧密，这便是英语学习的语言文化制约，这种制约具体体现在如下两个方面：母语语言文化的干扰及目的语语言文化的缺失。文化语义、语境及心理是这种制约中出现的三个方面。

（1）英语学习中的文化语义。语言存在于言语中，它是一种将语法和词汇结合而成的音义体系，而人类思维的形式形成于对世界的认识，这是语言的作用，而所谓的文化语义，特指那些构成语言中的句子、短语及词等单元的记录或承载的社会文化内涵。当对汉语进行利用时，需要充分掌握文化语义知识，当在上下文存在隐喻时，通过学习文化语义知识，有助于发现隐含意思，同时填补省略，做出准确的预测、判断。对文章进行理解，重要的是通过文化语义知识的运用，对文中非连续性事实的空白进行填补，而如果缺乏英语文化语义相关的背景知识，就不能更好地理解文章，更为甚者，造成对原文的误解。比如汉语提到的梅、竹、松，称为岁寒三友，具有高风亮节等文化含义，不过这些植物通过英语来表达，却无法体现出同样的文化含义，所以，掌握词语的文化语义和基本意义在英语学习中是十分关键的。

（2）英语学习中的文化语境。语境是语言环境的简称，其包括文化语境、情景语境及上下文语境三种类型，其中文化语境是一种特定的社会语言环境，它是人们学习并使用英语交际时的环境。

（3）英语学习中的文化心理。英语学习中，制约英语学习的心理因素是文化心理，从心理语言学的角度来看，语言作为一种调节高级心理及社会交际的工具而存在，心理通过语言结构表现出一定的心理记忆单元，是心理现实的反映。而文化的深层结构是心理文化，通常涉及审美情趣、思维方式、伦理观念、价值取向及社会心理等心理文化。由此可见,语言与文化之间的关系,也就是语言与社会及思维的关系。一旦思维模式在其所处的文化大环境中出现一种强大的附着力,便可激发起思维模式的各种作用,一种社会现象的发生,通常折射出语言的行为习惯、表达方法及表现形式等民族思维。

四、大学英语文化教学的实施

实施大学英语文化教学,较为重要的是在语言交际中,培养文化意识及非语言交际中的文化意识,其中的语言交际是人类所特有的,它是将语言作为媒介的交际,其实质就是运用语言的具体过程,而交际能否顺利,在于是否能够合理地运用语言。对学生文化意识的培养,需要在教学中充分结合日常语言、篇章、句子、词汇等因素,这样,学生在大学英语教学中可以通过对一定数量的基本语法规则及词汇的掌握,培养运用英语的能力,从而更好地了解英语文化知识,让交际更加顺利,避免文化冲突的出现,改善交际效果。

而语言行为以外的其他一切交际行为,称为非语言交际,这种交际在人类交际活动中处于十分重要的地位,尤其在面对面的交际中,语言行为在信息社交内容中占35%左右,其他便是通过非语言行为传递的信息,这是多数研究专家的共识。总之,语言与非语言交际共同构成了人类交际,从而形成了一个完整的交际过程。一种社会共同的习惯,通过长期的历史文化积累,然后经过祖辈相传及后天习得,而形成的文化现象便是非语言交际行为。这套系统适用于那些在交际活动中有着相同文化背景的人们。如果所处的文化背景不同,非语言交际行为表现出一定差异性,当那些文化背景差异较大的人们在进行交际时,通常下意识地使用自己的文化规则对自己的非语言行为进行引导,这样容易造成交际障碍。所以,教师为了确保学生能够在跨文化非语言交际中顺利沟通,在英语教学中,应该厘清两种文化的非语言交际行为存在的差异性。

(一)英语文化教学的导入原则

在英语教学过程中,应当通过如下原则来实施文化导入。

1. 交际性原则

跨文化交际是学习英语的主要目的，跨文化交际对象一般涉及那些将英语作为母语的外籍人士、将英语作为第二种语言的人士，交际过程中通常涉及两种文化，在英语交际中，当具有不同国家文化背景的双方进行交际时，难免会出现各自将其母语文化带进来的情况，从而造成了一定的冲突，而为了化解这一尴尬局面，使交流更加顺畅，人们需要了解英语国家的文化知识，然后根据实际需要，对这些知识进行恰当灵活的掌握，所以，在英语教学中，教师在导入文化内容时，对学生运用文化知识时进行服务意识及能力的培养，将起到良好的学习实践效果。

2. 阶段性原则

导入目标语文化内容，需从学生的年龄特点及认知能力方面加以考虑，然后基于学生的接受能力及语言水平，对文化内容进行由浅入深、由简到繁、由现象到本质、循序渐进的扩展和深化。在起始阶段，英语教学需要让学生大体了解中外文化与英语国家文化的差异，一旦涉及英语国家文化知识，需在教学中将学生身边密切相关的生活融进文化知识中，从而激发学生学习英语的兴趣。如果到了英语学习的较高阶段，应当将学生接触异国文化的范围扩大，使学生的学习视野得以拓宽，进而提高其鉴别中外文化的能力及敏感性，从而可以有效提高跨文化交际能力。①

3. 整合性原则

选择适合英语教学的教学内容时，需要教师基于学生不同的学习阶段，全盘考虑学生在其他学科中的学习内容，进而打破英语学科与其他学科之间的界限，使英语教学具备灵活、开放的特点，在内容方面，做到有计划、有目的的整合。教学手段随着现代教育技术的发展而异彩纷呈，整合了现代教育技术及文化教学内容，针对学生的文化内容输入，可从触觉、听觉及视觉三方面进行渠道建设，使学生能够具有各种学习风格。比如歌曲、照片、插图、文学作品、报刊、访

---

① 郑维佳. 产出导向法在大学英语教学中的应用［J］. 山东农业工程学院学报，2017，34（1）.

谈、互联网、实物、电影、录像、录音等，这些都可以在教学过程中通过教师转变为教学资源。

4. 系统性原则

如果想要更好地掌握并使用语言，需要我们对文化有更多了解。在教学中，我们要在整体上导入文化差异、共性及要素，这样不仅有助于提高学生对语言的学习，还可以整体把握目的语文化的诸要素。学生通过教师的指引，如同通过树木的展示更好地了解森林。学生的跨文化交际能力的提升，还需从行为、情感及认知三个层面，整体上对目的语文化要素进行了解。当教师进行一学年或一学期的总体规划时，需要从英语语言方面总体设计目标语文化的教学，然后有针对性、分重点、分年级实施，让教师在文化教学中具有一定的连贯性及系统性。

5. 实用性原则

能力的提高、日常交际等与语言内容的关系存在一定的紧密性，而实用性原则与学生所学语言内容、日常交际等主要涉及面关系密切。另外，学生将来所要从事的职业性质也应当给予考虑。如此，紧密结合语言交际和文化教学，从而有效激发学生的兴趣，避免语言与文化陷入空洞及抽象的窘境。

6. 适合性原则

要讲究适度的教学方法及内容。其中适度教学方法在于将学生自学及教师授课之间的关系处理得当，而适度的教学内容则需要详细讲解那些主流文化的东西，将共时文化作为重点，酌情将历史性的内容适时引入，有助于学生对文化传统及习俗的根源有所理解，这样一来，教师作为指导者和组织者，可以帮助学生学习课外文化内容，积累更多的文化知识，从而提高学生课外阅读及实践的能力。

（二）实施大学英语文化教学的策略

"隐性"的文化学习，即一种比较分散、间接地融于语言学习中的文化学习，这种学习方法被称为实施大学英语文化教学总的路径。由于专门的文化课程,比如"英美概况"这种显性文化教学,无法在大学英语教学中开设,所以,大学英语教学较为适于那些分散于语言中的隐性文化学习模式,以下为具体实施大学英语文化教学的路径。

1. 树立正确的文化观念

应时代召唤,跨文化教育得以兴起。以培养跨文化意识及参与文化交流作为基本前提,可对异域文化和己方文化之间存在的相互关系建立认知。教师在课堂教学中,不仅要指导学生对汉民族文化的存留问题给予关注,使汉文化的含量有所增加,进而培养学生的反思意识及开放心态,对不同文化持有一视同仁的态度,还要让学生对英美文化有一定程度的了解。

英美文化与华夏文化两者都有其存在的合理性,它们之间不存在优劣之分,皆是通过不同形式及表现来反映文化的内容。因此,当教师对英美文化进行传授时,应让学生对本国文化特质给予关注,增强学习母语文化的学习能力,从而对具有不同语言负载的不同英汉文化有更深入的理解。

2. 比较中西方的思维方式

汉文化与西方文化具有截然不同的价值观及世界观,造成这种现象的原因在于:汉文化是将"人性+感性"作为理念的内核;西方文化是将"知性+理性"作为基石,两者具有不同的心理模式与思维。所以,教师应该引导学生明确两者的语言及思维的关系,区分中西不同的思维方式,从而有效避免不同的思维方式带来的交际失误。教师对学生的心理引导,需通过文学片段赏析及个案分析等形式,解析中西文化的友谊观、婚姻观、时间观及世界观等专题,从而使学生认识中西文化差异,并在此认知基础上,形成一定的心理认同趋势,最终实现对目的语文化的内涵解析。①

3. 有效利用中西文化的耦合现象

文化的耦合现象表现在不同民族的文化中,可能存在一些相似或相同的地

---

① 顾琪璋. "产出导向法"与英语课堂人文素质教育效率提升研究[J]. 教育评论,2016(6):139–141.

方，而其中的相似性体现在语言中。所以，在汉语及英语的具体应用中，表达出现太多的相同或相似性。举例来讲，"同舟共济"英语为"in the same boat"；"披着羊皮的狼"英语为"the wolf in sheep's clothing"等多种耦合现象，识别这种耦合现象，能够有效促进英语学习者在英语学习中的"正迁移"。

4. 挖掘英语教材中的文化信息

文化教学的基本内容受到学生在大学英语基础阶段相对有限的学时，及对语言基础知识的需求等矛盾的影响。文学教学应当取自于语言教材本身，尤其是近些年，我们的教材受到社会对学生英语水准的高要求影响，从很大程度上折射出英美文化的特性，因此，教师在教学过程中，既要及时有效地引导学生对一些潜藏在语篇之内的文化信息进行挖掘，又要引导学生对文章的内容主题进行把握，学习语言知识，使语言技能得到提高，从而不仅拓宽学生的文化视野，还对语言进行深入的学习。

5. 利用英语多媒体网络技术

语言是在语言环境中习得的，可以通过多媒体的技术，将音频、图形、图像、文字及声音等多种多媒体信息应用于演示中，增加感染力，使其更加生动形象，而营造环境另一重要的手段是借助网络，通过提供信息资料，便于沟通交流，与多媒体一同起到营造语言环境的效果。学生可通过教师的文化教学课件，进行多维语言文化信息的输入。教师在课堂教学中，可以将文化背景知识以文化旁白的形式引入，然后输入多维多渠道的文化信息，从而让学生可以切身体会目的语的文化，使用学到的语言文化知识展开交流。

6. 遵循英语实用性原则

教师在大学英语教学中传授文化背景知识时，应当遵循实用性原则，也就是说文化知识的诠释要紧跟语言知识的讲授节点，节点到哪儿，文化知识就要做出相应的诠释。英语教学自始至终都要融合文化教学，并且在各种题型的教学中进行落地。及时讲解交际与知识两种文化，让文化与语言知识同步进行传授，从而确保教学体系的完整性。

7. 改革现行英语教材

素质教育对目前现行教材的编写提出了相关要求，这得益于如今的英语教育界发生的转移，即从以往的以"语言为中心"的英语教学转为"以内容为中心"的教学方向。人文教育的核心是素质教育，人的品位需要得到提高。将文化教育作为"以内容为中心"的中心，并将这里的文化作为广义的文化概念，其特指不同民族的文化精华和文化差异。不管教材出现何种翻新或改革，衡量与评价教材的主要标准之一是是否可以有效提高人的文化素养，有没有富含丰富的文化内容，有无突出的文化视点。也只有满足这些标准的英文教材，才能适应知识、能力、素质教育为一体的立体化教学模式。

8. 提高英语教师的文化水平

英语学习在发展中出现了一些障碍，这些障碍无关语言本身，而是学习者对母语及目的语的社会文化知识的理解程度，加之基于此形成的两种文化差异的思量。教师、学生也遭遇到同样的问题。这就需要教师的鉴别能力及自身文化素质进一步提高，在教学全过程和课堂教学中，渗透文化教学，不仅要熟稔本国的传统文化，还要对西方语言文化进行介绍、引进及研究，这样增进彼此认知，可在跨文化交际中表现出中华文明大国的学者风范，让中国人的独立文化人格及深厚文化素养得到充分彰显，从而利用超然的分辨能力，以高超的智慧及博大的胸怀，更好地处理中西文化的冲突。

第三节　人文素质为本的大学英语教学创新

一、人文素质为本的人才培养模式建构

培养目标及其具体规格是建构人文素质为本的引领性人才培养模式的基础。

《国家中长期人才发展规划纲要（2010—2020年）》指出，引领性人才就是"一批善于治国理政的领导人才，一批经营管理水平高、市场开拓能力强的优秀企业家，一批世界水平的科学家、科技领军人才、工程师和高水平的哲学社会科学专家、文学家、艺术家、教育家"等能够"充分发挥高层次人才在经济社会发展和人才队伍建设中的引领作用"。

引领性人才应以"德育为先""能力为重"，而且"全面发展"，以此为培养目标。其具体规格应为"人文关怀全球化""人文知识现实化""科学意识交叉综合化""方法意识中西结合化"。换言之，引领性人才应为以人文素质为本的人才。具体而言，人文素质为本的引领性人才的具体规格表现在：

（1）"人文关怀全球化"，是指通过大学英语教育的具体实践，努力把学生培养成具有关怀全球人类生存和发展意识的德育人才，使他们解决问题的意识能够投向整个人类的现实与未来。

（2）"人文知识现实化"，是指通过大学英语教育的具体实践，努力使学生在体现中西方人文传统的知识体系中，在掌握古今中外人文知识的基础上，将人文知识与现实有效和有机地结合，将人文知识应用于全球化的现实。

（3）"科学意识交叉综合化"，是指通过大学英语教育的具体实践，努力使学生在实践中具有跨学科的融通科学观，以"大科学"的理念指导实践。①

（4）"方法意识中西结合化"，是指通过大学英语教育的具体实践，努力使学生具有以结合中西思想为基础的解决方法意识，使培养出具有国际水准的能力全面的学生成为可能。

以大学英语教育为载体的教育过程、课程体系、教学方式及方法、评估制度及管理制度，是建构以人文素质为本的引领性人才培养模式的重要组成部分。为了实现人才培养目标，使人才达到"人文关怀全球化""人文知识现实化""科学意识交叉综合化""方法意识中西结合化"等具体规格，大学英语教育要明确自身在整个大学教育过程中的基础地位。

结合我国高等教育的实际，大学教育过程包括三个阶段，即人文素质教育阶段、技术素质教育阶段、专业能力教育阶段。针对引领性人才的具体规格，人文

---

① 陈秀明，祁颖，谷珍. 基于"产出导向法"的大学英语教学研究述评［J］. 教育现代化，2018，5（17）：203－206.

素质教育阶段的构成基础应为与整个人才培养模式相匹配的大学英语教育。在课程体系、教学方式及方法方面，包括六大板块的"人文知识、自然知识及社会知识的英语导论课程体系以学生为中心""以教师为主导""课上案例研讨"与"课后小组实践"相结合的教学方式及方法；在评估制度和管理制度方面，包括英语水平测试体系、英语综合能力评价体系，以"导师制"为核心的院级管理体系、以本硕博"一体化"学分关联制度为主的校级管理体系。

二、人文素质为本的大学英语教学体系建构

以某理工类大学为例，根据人才培养模式的构成要素，对大学英语教育进行建构，需要考虑教育过程、课程体系、教学方式及方法、评价体系以及管理制度五个方面。

（一）人文素质内涵

建构大学英语教育，要立足于人文为本的引领性人才培养模式，首先要明确自身在大学教育过程中的基础地位。大学教育包括人文素质教育阶段、技术素质教育阶段、专业能力教育阶段，大学英语教育应为人文素质教育的实现载体。在该阶段，一方面要强化学生的英语技能，以小班形式进行教学；另一方面要以英语方式培养学生的综合素质。①

为此，某理工大学开设了人文知识、社会知识及自然知识的英语导论课程体系。根据学生的不同程度，侧重不同的板块，以某理工大学水平测试体系（一级、二级、三级）为主要评价手段。同时，在某理工大学英语教育的范畴内，为学生开放本硕博"一体化"课程，使学生在学有余力的情况下，可选修硕博阶段英语教育课程，并获得关联学分。在硕士研究生阶段，以小班形式教学，旨在从一般学术研究的角度，强化学生的英语技能和以英语方式培养学生的综合素

---

① 李晨，吴婷，郑锦菁. 新形势下的大学英语"产出导向法"教学效果实验研究［J］. 吉林广播电视大学学报，2018，196（4）：68－70＋73.

质,因此英语导论课程体系相对侧重后五大板块,同时以某理工大学综合素质评价体系为主要评价手段;在博士研究生阶段,以小班形式教学,旨在从高层次学术研究与学术交流角度,强化学生的英语技能和以英语方式培养学生的综合素质,因此"人文知识、社会知识及自然知识的英语导论课程体系"侧重国际合作板块,辅以其他板块,同时以某理工大学综合素质评价体系为主要评价手段。

(二) 建设以人文素质为本的大学英语教学课程体系

建构大学英语教育体系,课程体系是重要的组成部分,该课程体系应与人文为本的引领性人才培养模式相匹配。该课程体系为"人文知识、社会知识及自然知识的英语导论课程体系",旨在从英语教育角度,培养学生的人文素质及综合能力。具体而言,该体系包括六大板块,即沟通与交流板块、东方思想经典与现实板块、西方思想经典与现实板块、全球视野与文明对话板块、科技发展与科学精神板块、国际合作板块。其中,沟通与交流板块为基础英语技能类课程,包括英语语音训练、英语构词法、英语语法、英语初中级听力、英语初中级口语、英语初中级阅读与写作、英语初级翻译等课程;东方思想经典与现实板块包括大策略、东方思想经典导读与选读、中外文明史比较;西方思想经典与现实板块包括大策略、西方思想经典导读与选读、中外文明史比较;全球视野与文明对话板块包括西方文明史、世界中的中国、文明的冲突与对话;科技发展与科学精神板块包括科学发展简史、技术发展简史、科学哲学简史、科学伦理学;国际合作板块为高级英语技能类课程,包括国际学术会议模拟、国外期刊论文写作、国外学术会议发言等。这六大板块,首先旨在从英语基础和英语基本素质角度,强化学生的英语技能和以英语方式培养学生的综合素质;其次旨在从一般学术研究与交流的角度,强化学生的英语技能和以英语方式培养学生的综合素质;最后旨在从高层次国际化的学术研究与学术交流角度,强化学生的英语技能和以英语方式培养学生的综合素质。

(三) 建设以人文素质为本的大学英语教学方式及方法

建构大学英语教育体系,教学方式及方法是关键环节,应采用双边性和伦理性为特征的理性英语教学方式及方法。例如,在教学方式及方法层面,以对话性为新现实语境下的教学理念,以鼓励性为伦理原则,具体体现为"以学生为中心""以教师为主导""课上案例研讨"与"课后小组实践"相结合;实行小班教学;设置某理工大学英语教育网站、某理工大学英语文学经典电影周活动、某理工大学英语演讲比赛活动、某理工大学英语沙龙,教学方法侧重互动式、案例研讨式、现实伦理式等。

(四)建设以人文素质为本的大学英语教学评价制度

建构大学英语教育体系,评估制度也是重要环节。将实施"以考促学"的"某理工大学英语水平测试体系(一级、二级、三级)""某理工大学英语综合素质评价体系""某理工大学本硕博三阶段学分关联评估制度"。首先建构"某理工大学英语水平测试体系(一级、二级、三级)"。其中,某理工大学水平一级考试针对基本英语技能,相当于国家大学英语四级的要求;某理工大学水平二级考试针对较高级英语技能,相当于国家大学英语六级的要求;某理工大学水平三级考试针对高级英语技能,相当于托福、雅思等考试的要求。学生将逐步参加"人文知识、社会知识及自然知识英语导论课程体系"各板块课程的学习,其素质能力将通过"某理工大学英语综合素质评价体系"加以衡量。"某理工大学本硕博三阶段学分关联评估制度"将对学校学生开放,该评估制度是指在某理工大学的英语教育范畴内,学生在本科阶段,修满所要求的学分且通过某理工大学水平测试以及某理工大学综合素质评价后,可选修硕士课程板块,其所获学分可在某理工大学研究生阶段使用;硕士研究生阶段,可同理操作。本科生阶段:一级10学分(基础技能与素质板块课程)、二级8学分(基础技能与素质板块课程)、三级6学分(基础技能与素质板块课程)、四级4学分(素质板块课程);硕士与博士研究生阶段:4学分(高级技能与素质板块课程)。

(五)建设以人文素质为本的大学英语管理制度

建构大学英语教育体系,管理制度务必相应完善,应实施"校级与院级"相结合的两级管理制度。在某理工大学学校层面,对班级的管理将配以某理工大学本硕博三阶段学分关联评估制度。在承担大学英语教学的外国语学院层面，对学生将配以"导师制"，将学生以3～4人的小组形式分配给承担课程的教师，使学生在教育方面得到切实的指导性管理。

以大学英语教育为载体，以人文素质为本的引领性人才培养模式，是国家人才强国战略的具体实现，某理工大学是就此进行的具体实践。以引领性人才为培养目标，将人文关怀全球化、人文知识现实化、科学意识交叉综合化、方法意识中西结合化确定为引领性人才的具体规格。在人才培养模式的框架下，明确大学英语教育阶段在整个大学教育中的基础地位；建构六大板块的"人文知识、社会知识及自然知识的英语导论课程体系"、"小班"教学模式、"某理工大学英语水平测试体系（一级、二级、三级）"，使测试与课程体系相结合，明确大学英语教学在英语能力方面要达到的目标；建构"某理工大学综合素质评价体系"，使人才素质及英语素质的评价理性化；建构"某理工大学本硕博三阶段学分关联评估制度"，在某理工大学英语教育范畴内实行鼓励机制，以有效促进人才培养。强国先强教，人才资源强国必以理念先进的教育为前提，大学英语教育才能够成为人才强国基本战略的有效载体。

我们要在人文素质教育的视域下，总结大学英语教学的历史，思考大学英语教学的现状，展望大学英语教学的未来。

第四节　产出导向法在大学英语课堂教学中的指导性作用探索

一、将批判性思维能力的培养融入大学英语课堂教学环节

批判性思维能力长期以来一直被认为是大学生创造思维所必须具备的一种基本能力与大学生应该掌握的基本学术技能。批判性思维的主要原则，就是要有勇气质疑，质疑传统的观点、质疑新的理论和问题，经过质疑提问后再做出谨慎的

判断，从而进行科学合理并符合逻辑的推理。这一点也正体现了批判性思维的本质，批判性思维是一种"反思性思维"。因此，教师要在实践教学环节设计出创新的授课模式，培养学生的批判性思维能力，最终目标是丰富学生思维的广度和深度，使学生善于推敲问题，善于质疑，敢于质疑自己进行自我反思，也要有勇气质疑他人，质疑权威，善于在学习中发现问题并提出问题，使学生具备严谨的治学态度。反过来，学生也必将终身受益于这种批判性思维能力的培养。

二、利用网络信息平台，实现课前信息的导入

在传统的大学英语课堂，学生由于缺乏话题相关背景知识介绍，无法顺利进行语言的有效输出。在数字化网络平台的广泛应用新时代教学背景下，与教材课文话题相关的背景资料，无论是视听还是文本，都可以在学生共享的网络学习平台展示。如涉及社会文化心理等话题时，演讲可以为学生提供书本之外的语言信息资料；涉及名人生平话题时，一些成功人士的演讲不仅可以实现对学生的"全人教育"，激发他们内在的学习动机，确立正确的人生观，开拓学生的视野，同时也为语言学习赋予新的生命。语言的学习与相关话题和运用有机地结合在一起，在每一个相关话题情境中体会语言的使用，丰富语言文字知识的同时，也丰富了语用知识。在大学英语课堂环节，授课教师便可依据教材，将学与用有机地结合在一起。教师只有通过各种有效的教学手段和策略，把学生调动起来，积极参与到课堂教学活动中，学生才会有更多运用使用目标的机会，主动用目标语来进行表达和交流，真正体现学生在课堂教学中的主体地位。对于语言学习者来讲，最有效的学习方式就是将语言学习者置于某一具体事例发生的情境中。语言输出不仅可以激发学生的内在学习动机，更能够增强学生的自信心，只有当学生有了自信心，内在的学习动机被激发，他们才会从主观上愿意将自己融入课堂教学活动中。同时，教师在外语课堂教学中的主导作用发挥是决定课堂教学是否能够有效实施取得最佳效果的关键。

第六章

产出导向法视域下的大学英语技能教学研究

随着经济全球化纵深发展,学生学习英语的目的是能够更好地沟通交流以及拓宽自身的知识面。为了帮助即将走入社会的大学生更好地适应日常语境下的英语综合性应用,在大学课堂中,教师纷纷采用产出导向法下的大学英语技能教学。本章论述大学英语听说读写教学,并探究产出导向法在大学英语听力、口语、阅读、写作教学中的应用。

第一节 大学英语听说读写教学

随着全球化趋势的日益凸显与国际交流的日益频繁,英语逐渐成为一门世界通用语。现代社会需要语言运用能力与跨文化交际能力兼具的英语人才。为了适应现代社会发展形势,英语教学的理念与方法都发生了很大的变化。

一、英语听力教学分析

语言上的沟通是通过听和说两种方式进行的,假如这两方面的能力不足,就会影响双方之间的有效沟通,所以,听力能力的提高,应该是一个主动学习的过程，应该培养听力的兴趣，积极参与听力能力的训练。

学生们在接受和掌握知识时不再被认为是认知再认知的过程，而是将语言应用到实际的生活当中，通过实践来掌握知识获取技能的过程，特定环境的影响和感官能力加深了对知识的记忆。外语听力能力的训练，需要人大脑的多个区域参与知识加工活动，所以听力被人们认为是学习外语言需要获得的能力之中最难掌握的能力，同时，听力能力的性质更多的是内在，很多特性不易外显，与其他技能相比（说、读、写），听力教学往往不受重视。

学生的听力理解仅仅被视为英语学习过程中获取语言输入的一种途径，任何关于外语习得的模式在试图解释学生如何学习语法时都必然涉及对语言输入的获取，而且由于受到母语学习理论的影响，许多教师认为，随着学生语言水平的不断进步，听力水平与口语水平也会自动提高。

（一）英语听力理解的基本特征

1. 英语口语化特征

学生们能够用英语在生活中进行简单的交流，这才是英语课程的最初和最终目标，在听力课程中，要求学生们的听力能力达到的级别有：能够根据语气和语音掌握传达者的意思；能够听明白自己熟悉的语言内容；能够听明白标准语言速度的文章；能够根据语言的情景，重新认知不熟悉的单词，明白大概意思。

因此，大学英语听力教学的重要目的是，训练学生们对语音信息的分辨，重要词汇的掌握、预知将要发生的内容、能够对所听的对话进行阐述、明白对方说话的意思和立场。听力内容的资料应该有几项规则：资料所显示的水平应该接近学生的真实水平，每个人的口音都不一样，所以学生在进行语言对话的训练时，应尽量体现出其真实性的特性。①

早期外语课堂上训练听力所使用的资料多数是标准的，经过这样长期的训练，学生们只能听明白正常的发音，然而回到现实生活当中，还是会遇到沟通障碍，老师和学生们都知道这样的现象，所以，在听力能力训练时，他们会尽量创

---

① 何广铿．英语教学法教程：理论与实践［M］．广州：暨南大学出版社，2011.

造真实的教学环境,真实地进行语言对话,表达自己真实的态度和目的等,真实性也就成为教学最大的特点,具体表现如下:

(1) 英语听力材料应具备真实口语的特点。听力课程所使用的资料应该具有实际性,对话内容应该是生活中经常使用的对话,运用标准的语气和语言速度,例如,称呼、看病就医、逛街、关心问候等日常生活中常用的对话。对话应注重实际性,贴近生活,但是允许教师依照教学需求,对资料进行修改和完善。假如教学资料有多余的重复语句和水平过低的题目,或者超出学生们学习能力范围的题目,教师应该删除资料中的语句。同时在删除的过程中,保持教学原有的标准和规定要求。现实生活中的话语是教学语料的来源和目标,但并不能完全取代教学语料。

值得注意的是,虽然外语听力教学不以听懂标准英语发音为目的,但这并不意味着要在听力教学的各个阶段大量开展听懂各种英语方言的听力训练活动。从基础阶段英语教学的要求及特点看,英语听力教学中应以选择标准的或基本标准的英语语篇为主,随着学生英语水平的提高,可以逐步增加一些带有语音和语调变化或语速较快的听力材料。

(2) 既然强调学生听力学习的主要目的是理解真实的口语化表达,了解和掌握英语口语的主要特征就显得十分必要了。说到口语就免不了提到书面语,虽然口语与书面语有明显的不同,但口语和书面语是同一语言的变体,只是语体不同而已。书面语是正式语体,而口语是非正式语体,它们之间还存在多种变体。一般情况下,日常对话、打电话、网上聊天使用的语言多为口语,而公共演讲、报告、大会发言等多为书面语。

英语口语的主要特征包括四个方面:冗余度高、语音的多变性、传递信息的意义单位较小、词汇和语法口语化。

第一,冗余度高。英语口语的冗余度很高,据统计在60%~70%。进行交际时,为了保证意义表达清晰,交际者往往求助于信息的重复或叠加,如词语重复、语义重复以及信息或话题重复等。除了重复以外,口语语篇的冗余现象还包括不确定的表达:停顿、犹豫、口误、纠错以及使用填充词。说话者能借此争取时间来思考或修正,如对语法或词汇错误、口误进行纠正,对事后的想法进行补充。

自然话语中的30%~50%由停顿和犹豫组成,停顿可以是完全沉默或填充式停顿,填充式停顿有时也表示犹豫,说话者常运用 uh, oh, hmm, ah, well, say, sort of, just, kind of, I mean, I think, I guess 等作为填充词,表明说话人的犹豫态度,或尽力寻找合适的词或接近的词来完成意义表达的意图。说话者有时甚至出现口误,停下来改用另外的词替换先前说的词或短语。

第二,语音的多变性。在听力能力的训练中,接受的知识是语言信息,在正常的对话中,传达者说出的话语经常很模糊,有时还掺杂着音色的变化。在外语语音条件的影响下,虽然语言的音色有自己的发展顺序,但有一些语音受相近的语音的混淆,而变得模糊不清,例如,有一些音色被忽略了,甚至有一些音色杂乱无章地拼凑在一起。

第三,传递信息的意义单位较小。就是在沟通时能够传达重点词汇的含义的量较少,每个词汇读音的语调都会形成独立并且有高低的线条,大多数情况下,最后的一个音节是较低的音调,并伴有时间间隔。从组成部分上看,与汉语有很大的区别,因为很少出现动词,有些也是没有含义的可以忽略的句子。有含义的词汇结合一些无意义或者较短的句子,都能将传达者想要表达的意思和态度表达出来,口语表达时就用停顿来间隔两个句子,而书面表达是用标点符号进行间隔区分,所以,口语表达和书面表达有很大的区别。

第四,词汇和语法口语化。口语中的词汇和语法多为口语化的表达,不够正式。在词汇方面,口语中使用功能词(小品词、介词、冠词、be 动词、助动词、连词等)的比例高于实词(名词、动词、形容词、副词、代词、数词)。口语中常能听到 a lot, get to, for ages, stuff, guy 等表达,但在正式语言中则采用 much/many, reach, for a long time, material, man 等形式。口语中还常出现语法分类不清楚的词语,如 wow, now 等。现在 now 似乎成为一个结构用语,起着承上启下的连接作用。就是这些话语标记将语篇中的不同话语连在一起,帮助听者理解其中的衔接关系。

在语法使用上,因为口语是没有准备的即时而出的语句,需要传达者仔细思考组织语言,在交流时,传达者和接受者都犯了一个共同的错误,就是只专注词汇的含义,而不考虑语法的使用是否正确、句子是否完整等,所以语法方面的错误经常出现。口语中也存在大量的省略句。说话者常常根据上下文省略主语、助动词、动词、冠词、代词或已知的语法成分,目的是使语言最为简短,例如,"I'm not sure it's a good idea for us to do that."中,that 指上文提到的话题,若脱离语境,就无法了解其指代的内容。①

除了上述与语言直接相关的因素之外,听力理解中的环境因素也很重要。在日常交流中,听者和说者多为面对面地交流,说话人的表情、动作、眼神、语调以及双方之间的空间距离,都会影响听者对话语的理解。例如,交际双方的身体距离能够反映双方的关系,语气能显现说话人的态度,说话人的表情和动作有时具有丰富的文化内涵,东西方不同的文化也会体现在说话人细微的动作和表情中。

2. 听力理解所需知识特征

听力能力的训练应该储备三种知识,包括英语知识、语言语境、语言应用。英语知识包括单词、长短句、段落、语言特点以及整篇语言;语言语境包括语言情境、故事背景信息等;语言应用就是和语言相关的应用学科。学者们根据自己的学习方法和经验总结,把英语划分为不同的类别,主要分为两种,一种是用来说明事物的性质、特征和状态,称为描述性知识;另一种是借助某种作业形式,间接推论其存在的知识,是关于怎么做的知识,称为程序性知识,因此可知,外语属于描述性知识。

(1) 外语语言信息。外语语言信息可以再细化为语音信息、超音质特点信息、单词和语法信息以及整篇信息,掌握这些信息所有的特点,对训练学生们的听力能力具有显著的推动作用。

第一,语音信息。学习外语的发音特点,并且能够标准地发音,是非常重要的,这是训练听力能力的第一个环节。学会发音之前先掌握语音知识,如语音的特点、节奏的把握、音调的轻重快慢,以及利于分辨的突出特点等,练习对话时也会出现一些特殊的情况,如节拍、顿号、音节的互相影响等含糊情况,只有在听力能力的训练中掌握了这些条例,学生们才能听懂对话的语句。训练学生们的语音分辨技能,是强化外语听力能力最重要的环节之一,对初中的学生尤其重要。

第二,超音质特点信息。语言信息的第二部分是超音质特点信息,在外语

---

① 欧阳娟. 产出导向法在大学英语教学中的可行性分析[J]. 教育教学论坛,2016(30):170-171.

中，重点音节的读音要音量高，同时发音要清楚且长时，重点音节的前句和后句都有顿号。词汇的重点音节是指词汇中一个音节比其他音节发音更为显著，重点音节是词汇的核心内容，重点音节能帮助学生很快认出词汇含义的不同，尤其是音节较长的词汇。重读音节常伴随着一些改变，如音调和音节本身，词汇中哪个音节是需要重点注意的并没有明确地表示出来，所以这样就会出现不知道读的是否正确的错觉。

句子重音指在一句话中需要重读的词，分两种情况：一种是依靠句中不同词语的相对重要性来定的，通常名词、形容词、某些代词、主要动词和副词要重读，而助动词、介词、冠词常常弱读，如 a，and，can，will，had，is，was，not 等，教师要训练学生掌握一般句子的重读规则。另一种是特别突出某些单词以强调某些信息，英语句子中最需要强调的词要比其他词读得重，如"My SISTER returned yesterday"，这句话中说话者强调"sister"，表明昨天是"我妹妹"而不是其他人回来了；但如果特别重读位置变为"My sister RETURNED yesterday"，就强调昨天我妹妹"回来了"，而不是做了其他事，教师要训练学生根据句子意义来决定重读的位置。

语调是指说话时声音里附加了轻重快慢的节奏，使说出的话语具有韵律，没有任何一种语言从始至终都是一个语调，例如，经常使用的外语就有五种基调，一句外语不仅有单词的含义还具有语调的含义。单词的含义就是语句中所用词的意思，而语调的含义就是传达者所要传达的意思和立场，以及单词组成的一个句子，多个句子组成一句话，一句话再结合语调就完整地表达了其含义。因而了解英语语调的特点，非常有助于听力理解。①

语调的重要功能主要包括：①情感功能：用语调来表达说者的态度，如热情、怀疑、幽默或厌恶；②语法功能：用语调来表明话语的语法结构，如同书面语中的标点符号；③信息功能：句子重音、语调能突出话语中的重要部分，突出的音高表示信息重要；④语篇功能：借用语调来对比或连接语篇中较大的语块，显示出语法或句法意义的边界，表示句子类型（如问句），有时还标志何时适合听者做出回应；⑤心理功能：用语调把信息切分成易于处理的单位；⑥标志功

---

① 彭兵转. 基于产出导向法的大学英语跨文化教学模式探究——语言主观性视角［J］. 黑龙江教育学院学报，2017，36（7）.

能：某些群体把语调作为一种标志符号，如新闻广播员常使用的调型。

英语语言的交流也具有节拍的特点，节拍是指每个音节的轻重和快慢。每种语言都有自己的节拍，语言可以分为两种：一种是以重音数目多少为句子所用时间，我们称为重音计时，外语就属于这种；另一种是以一个音节为时间间隔的，我们称为音节计时，汉语就属于这种。外语的重点音节是指音的高低和速缓上有着明确的不同，外语语言中的节奏感就是这样产生的。不管重点音节前后是否有非重点音节，也不管其数量多少，两个重点音节之间的时间间隔是相同的，一个单词组中最核心的音节是重点音节，一个单词阻力非重点音节占的比例越大，非重点音节的读音就越含糊不清，同时这个单词读得就越快速。

不管句子还是词汇中的其他音节数目，多少都应该顺应重点音节的节拍，也就是说，从一个重点音节到另一个重点音节的时间大致是相同的。重点音节和语言的速度成正比。在每一句话中，说和读这两个词之间的部分所需时间是相同的，因而每句话的用时也大体一致；如果中间再添加更多的词，说者必须提高语速，读得更快以适合节奏的需要。为了适应时间短、单词多的情况，非重读词就必须发生语音变化。韵律特征知识直接影响听者对语篇段落的切分和组织，而且这些特征给词语的字面意义增添了更丰富的色彩。许多话语的交际效果是由重音、语调和节奏表达出来的，听者需要通过确定重读音节和非重读音节的时间间隔，把握重音、节奏和语调的特点，以此来领会说者的情绪状态以及情感态度。

第三，词汇和语法知识。词汇和语法知识是语言知识的第三部分。若要使用语言进行流畅的对话，就要将对词语进行识别、对语法特征进行辨析作为对口语进行理解的基石。在对语言进行聆听时，聆听者若要实现对词语的理解，需要完成两大重要任务：对单词进行识别以及实现单词意义的激活。对词语进行识别，并不是一个简单的过程。首先要做到的是实现对词语的切分。对于语言来说，无论哪一种，都可以通过使用方法来对词语的边界进行确定。在英语中，我们对惯常使用的词汇进行切分的方法，便是对重读音节进行的辨别。与此同时，就可以以重读音节为中心实现对词语的鉴别。

在英语中，大概有 90% 的实义词都是通过第一个音节实现重读的，而对于非实义词，不重读为其惯常规则。因此，聆听者在对英语听力进行理解时，亦将重读作为区别新词与其他词的标示。除此之外，还可以使用节奏来对单词进行辨别。此时的聆听者，除了要对词典中已给出的标准词语的形式进行辨认外，还要在重读、次重读和弱读的情境下，实现对词语的辨别。这些方法仅适用于听力过程中，聆听者能够听得出单词之间的不同。但如果不熟悉单词的意义，依然无法实现听懂听力内容的目的。这样一来，我们需要找到另外一些方法，来帮助聆听者辨析词语的意义，听懂词语。例如，依据上下文所形成的文章大意，对词语的意思进行猜测等。口语在很多方面呈现出的语法特征是与书面用语不同的，教师在进行教学的过程中，应对学生进行帮助，实现对下列内容的了解，从而推动学生进行听力理解。

第四，语篇知识。语篇知识是实现外语听力理解时所需要的知识。作为与句子语法完全无关，仅在一定语境下对完整语义进行表示的自然语言，语篇作为意义单位出现，并非与句子或从句处在并列位置的语法单位。若从语篇的视角来对听力理解进行分析，以下五种情况可能会对听力理解的实现造成困难：①语言自身在听力过程中产生的问题，如语速本身较快、听力内容中生词比较多，甚至出现方言或者听力内容中语法结构比较复杂等；②语篇中包含的信息量太大，要么太多，要么太少；③对语篇进行组织呈现出的形式比较特殊，如倒叙或者在正文中穿插评论等；④语篇的话题小众化；⑤语篇类型导致的问题较多，如议论文与故事相比，在理解过程中当然是故事更简单。

第五，在大学英语的听力教材中，不同类型的语篇以及对语篇进行衔接的方法，都应该引起教师的重视，并对这些语篇与方法做更深的认识。这样一来，才能更好地帮助学生实现从整体上对语篇特征进行把握的目的。课标规定中学生要能听懂熟悉话题的讨论；能听懂正常语速听力材料中对人和物的描写、情节的发展及结果；听懂英语新闻的主题或大意等。

因此，叙述类、描写类和说明类语篇是中学接触较多的语篇类型。叙述类语篇包含一系列先后发生的事件，事件之间具有因果关系，多按时间顺序叙事，主要用在新闻报道和故事中；描写类语篇包含静态的场景，描写人物、地点、物品、场面，多按照空间顺序来描述；说明类语篇是按照逻辑顺序组织的，如下定义、举例、记叙过程、分类说明、比较和对比以及议论等。

语篇模式是语篇组织的宏观结构，指语篇中各个成分的组合结果，是语言交际中说者与听者互相遵守和期待的语言共识。主要的语篇发展模式包括线性话题发展模式和并列话题发展模式。线性话题发展模式按照事件发生的时间顺序来叙事，按因果链来说明；并列话题发展模式多为分类说明、比较与对比。一般情况下,比起并列结构的语篇,线性结构的语篇更容易理解。如果语篇是以非常规的方式组织起来的,如运用倒叙、插叙或穿插额外评论等都能增加听力理解的难度。

语音、语调、词汇、语法共同构成了语言形式的部分,能够在很大程度上决定语篇的连贯性。这也促成了对形式进行衔接的方法,如词与词之间的连接、对所出现词语进行替代、句子中成分的省略以及对话语实现的标记等,而在口语语篇中,作为重要的衔接手段,使用连接词(如 however, therefore, despite that, on one hand...on the other hand, for example)进行衔接。这些词或短语能够实现前后意义单位的连接,并且都表示原因和结果、论据和结论等重要的语义关系。此外,作为衔接手段,替代和省略也很重要,如定冠词"the",它代表着自身所修饰的名词是聆听者已知的,并且"the"所修饰的名词亦是说的人与聆听者进行共享的信息。代词则是对上文提到的名词进行指代,若需要听懂听力中的内容,聆听者需要知道代词指代的部分。例如,助动词"do"可对其他动词进行替代,以实现不重复的目的,这样,聆听者必须听懂"do"进行替代的动词。

Well you know, there was this guy, and here we were talking about, you know, girls, and all that sort of things... and here's what he says...

这个句子中出现了多个代词(you, this, we, that, here),因此如果脱离上下文,听者根本无法理解这句话的意思。这就需要学生根据语篇提供的语境,厘清代词所指代的内容,在此基础上推测出这句话的意思。

话语标记也是重要的衔接手段之一。话语标记用来标记某一话语与前面话语之间存在的某种关系,引导和制约语言交际活动。话语标记直接暗示了上下文之间的语义关系,帮助听者理解话语的意义。话语标记的种类很多,主要为表示列举、表示增补、表示解释、表示结果、篇章布局的结构性标记语、命题标记语。

(2)英语语境的知识。除了上述部分所提到的语言知识,在听力理解过程中,语境知识亦是实现听力过程的重要知识。其中,文化语境知识和情景语境知识构成了语境知识。

第一,文化语境知识。在交流过程中,使用某一话语结构对某种特定意义进行表达时,依赖各种包括时间、地点、场合;进行的话题以及交际者的身份、地位、心理背景、文化背景、交际目的、交际方式、交际内容所涉及的对象,以及各种与话语结构同时出现的如姿势、手势在内的非语言符号等主、客观因素,被称为文化语境。

通常,人们认为文化有两类:一类是对人类文明的各个方面进行反映的包括文学、艺术、音乐、建筑、哲学和科学技术成就等在内的系列成果;另一类则是包括风俗习惯、生活方式、行为准则、社会习惯、社会组织及其相互关系等。若对文化知识进行学习,需实现下列内容:对英语中不同的称谓语、问候语和告别语进行恰当的使用;对英语中家庭和社会成员间的称呼习俗进行了解并做区分;对别人做出的夸赞和邀请等做进一步得体的反应;对拒绝、请求等意义,使用恰当的方式进行表达;对英语国家的地理位置、气候特点、历史等做初步了解;对日常生活中随处可见的植物以及自然现象等在英语国家中的文化含义进行了解;对英语国家中传统的文娱和体育活动进行了解;对英语国家中重要的节假日及主要庆祝方式进行了解。与此同时,学生自身亦需要对中国文化做更深入的理解。

若教师从包含文化内涵的词语、英语国家所具有的社会风俗和生活习惯、英语习语这三个方面对英语国家的文化背景知识进行讲解,学生或许可以更好地听懂听力所表达的内容,具体解释如下:

其一,包含文化内涵的词语。这些词或短语中有着丰富的社会文化意义。词汇作为语言的各要素中最活跃的因子,在对一个国家和民族独特的社会价值观、道德观及民族观进行反映时,作用更为重大。我们可以发现,在英语中,有许多词并无对应的汉语意义。例如,在英国,很多公众假日被称为"银行假日"(Bank Holidays),因为在这些节日里银行通常停止营业,大多数是星期一。再如,英语中的"drive-in cinema"这个短语在《新英汉词典》中解释为:(顾客无须下车即可得到服务的)"免下车"电影院,该表达反映了美国文化的一个特色。虽然词典对其进行了清晰的解释,但要真正了解该短语的含义,最好通过英美原版电影或录像给学生提供真实的语境。

英语里有些词的字面意义与其背景意义相差很大。例如,在英国民俗中,绵羊(sheep)是善良的代表;而山羊(goat)则是邪恶、好斗的动物。了解这些知识后,学生就能够将听力语篇中出现的"the sheep and the goat"理解为"好人和坏人"的意思。有些词的基本意义相同,但派生意义的区别却很大。所以,理解词语的意思绝不是查一查词典那么简单。有时学生认识一个词或短语,但却不理解它的隐含意义,即词语的内涵意义,而这种意义往往在词典中是查不到的。在这种情况下,学生只有了解相应的文化背景知识才能理解其含义,否则无法正确把握听力语篇传达的文化含义，容易导致听力理解的偏差。

其二，英语国家所具有的社会风俗和生活习惯。学生在平时的练习中，要注意对英语国家传统文娱和体育活动的知识进行积累。例如，作为英国人的传统运动，足球和马球亦是该国的传统强项，与此同时，桌球和飞镖等运动也很受欢迎；在生活习惯上，英国人比较中意啤酒或者不加冰的威士忌；而美国人在性情上具有性格外向、热情直爽、不拘礼节的特质；而汉堡包、热狗、馅饼、炸面圈以及肯德基炸鸡等，都是风靡美国乃至世界的快餐。

其三，英语习语。在英语中，大量的包括谚语、成语在内的习语，都包含着丰富的英美文化知识。在英语词汇中，那些结构固定，语意、语法形式完整，以独立的单位表达交际功能的词、词组或句子，被称为英语习语。这种以幽默、诙谐的笔调，对英语国家的民族文化实现记载、反映或者重现的表达的英语词汇，能够对传统的价值观以及民族文化等进行展示。例如，a lucky dog（幸运的人），bury one's head in the sand（把头埋在沙子里，意指遇事采取逃避态度），cast sheep's eyes to someone（意指向某人递秋波），have something up in one's sleeve（遇事留有锦囊妙计），kill two birds with one stone（一石二鸟），Pandora's box（潘多拉的盒子，意指灾祸之源），pour cats and dogs（倾盆大雨），Two heads are better than one.（三个臭皮匠，顶上一个诸葛亮）等。若教师能够在日常的教学活动中，结合所学课文内容，将与以上例子相类似的习语中所包含的丰富的民族文化内涵对学生进行讲解，这样学生在进行听力理解时，若遇到类似的习语，就不会觉得它们艰深难懂，而是能够对其传达的信息有一个准确的把握和理解。

第二，情景语境知识。情景语境不仅指交际所发生的物理环境，更指交际过程中某一话语结构在对某种特定意义进行表达时，所依赖的包括书面语中的上下文以及口语中的前言后语的上下文。物理环境会对听力过程中的各方面产生影响。话题往往与环境相关。例如，若是谈话发生在医院，内容多与看病有关；在商店，则多与购物有关。此外，环境还能对语体起到决定作用，若与朋友谈话，多用非正式语言；而公开演讲，一般情况下需用较为正式的语言。

上下文语境常有助于理解单词或片语等的具体意义。例如，"loud"在"loud music"中意思为"吵闹的"，而在"a tie with a loud pattern"中则为"花哨的"。单词在句子中的意思或句子在段落中的意思都会随上下文的不同而发生变化。例如，"Do you know the meaning of war?"这句话可以有两种不同的上下文意义。第一种,老师对学生说这话时,意思可能为:"Do you know the meaning of the word 'war'?"(你们知道 war 这个词的意义吗)第二种,受伤的战士对倡导战争的政治家说这话时,意思可能为: "War produces death, injury, and suffering."(战争造成伤亡和痛苦)。

另外,还可以利用上下文来判断多义词的意思。例如:"printer"有两个意思,如果学生听到"The printer needs toner"时,这里的"printer"指机器,因为他们大多具有关于打印机的背景知识。如果听到的是"The printer is sick",学生知道"printer"指一个人,因为只有具有生命的人才会生病。

语境有激活词义的作用,促使听者将词语的特征及其联想相结合,构成一个复杂的语义网络。例如,"fire - engine"能让人联想到 fire,red,truck,fireman 等,这些词又引发与其相关的联想,一个复杂的词汇网络就形成了。在听到一个词或概念时,与之相关的其他内容也会被激活,与其联系越紧密的被激活得越快;一旦一个词的词义被激活,它就很容易被理解了。

声音因素也是听力语境中非常重要的上下文语境。语音所实现的变化程度与语境有着紧密的关联,说话者在进行发音的过程中,会因信息的重要程度而变得越来越仔细。一般情况下,聆听者可以对说话者在对话过程中出现的停顿及语气和语调变化,以语气和语调为依据,对说话者的意思和意图(如讽刺、幽默、夸张、喜悦、愤怒、同情、冷漠等)进行理解与判断。在这样的情形下,教师需对学生重视语音、语调及其蕴含的情感意义做充分的引导。

此时,通过概念以及内涵意义或借助说话者的语调、音色等表现出来的情感意义,主要对说话者的感情或态度进行表达。从一定角度来讲,说话者在说话过程中的语音、语调(如重读、停顿、音长、表达的速度、升降调等)是与说话者自身的心境密不可分的。我们仅仅依据说话者的语调,就可以判断出说话者持有的情感态度,可以让聆听者从更深层次上对其说话的意义进行理解。教学实践中,英语是以外语的形式出现在教学中的,对于中国学生而言,很难去对因语音、语调发生的变化,以及所表达的情感意义产生重视,与此同时,又因情感意义在传递过程中与概念意义不同,自身具有模糊性,且隐藏于语音、语调中,这就需要教师在教学实践中,要求学生对语音、语调所传达的情感意义进行掌握,以便在整体上对学生的英语听力水平进行全面提升。

(3)英语语用知识。在学生对语言知识以及语境知识做一定程度的练习时,聆听者的语用知识会对听力语篇内容的理解产生促进或阻碍作用，因此停留在基础教育阶段的学生，也需适当地对语用知识加以掌握。

一方面，对会话含义进行理解，被视作听力理解的主要内容之一。人们在进行交谈时，很难将自己想要表述的意思采用直接的方式表达出来，一般都会选择隐晦的方式向对方传递自己的意思。在"直说的内容"和"含蓄的内容"两大类会话中，这两大类之间的区别与"字义"和"用意"的区别相同；而"字义"和"用意"之间，常常存在着的距离，使"用意"就等同于"会话含义"。如下面对话所示：

A：Are you going to see the movie tonight?

B：I have an exam tomorrow.

B虽然没有直接回答A的问题，但A显然知道B的回答是"不去"，因为A知道作为学生准备考试是头等大事。可见，日常会话中的"会话含义"是一个很普遍的现象，人们说话常常是话中有话的。在理解过程中，需要借助常识、双方共有的知识以及推理能力进行推理。

另一方面，学生也应试着对交际过程进行了解。例如，在交际过程中交际者何时说话、何时不说、在特定场合下说什么、开始以及结束会话的方式。在语言中，不断重复出现的话语结构模式是存在的，并且每种语言的这一结构模式都具备自身的独特性。例如，谈话用问候语开始，用告别语作结，这一习惯便是话语结构模式。当然，教师不仅要向学生进行一些固定的问候语和告别语的介绍，还需要让他们明白哪些形式可以实现问候语或告别语的功能，例如，Haven't we met somewhere before? I hope you have a good journey，在对这一句子进行理解时，需要学生将英语与汉语中的问候语和告别语进行比较。

当聆听者在对一定的词汇和语法知识进行掌握后，还需要匹配一定的社会语言学及语用学方面的知识，对基本的会话规则进行了解。听到"Thank you"，就应反应出"You're welcome"。日常进行打招呼、问候健康、恭维等生活情境时，亦会有许多这种相匹配的固定问语和答语出现；此外，要对会话双方常用的反馈套语（如 really, yeah, oh yes, I see, how interesting, well, I never 等）牢记在心。如果学生不了解上述这些互动模式，就很难做出合理的推测。

英汉文化存在较多不同，例如，在迎接远道而来的客人时，汉语说"一路辛苦了"，而英语说"Did you have a good journey"；英语中第一次见面时说"How do you do",以后便可以随便些,可用 "How are you? How are you doing? Hi! Hello! How have you been recently? Long time no see."等来打招呼,而汉语中无论是第一次还是第二次见面,问候语通常总是"您好/你好"。

由上述可知,听力理解需要语言知识、语境知识和语用知识,对这些知识特点的掌握和灵活运用是培养学生英语交际能力(语言能力、语篇能力、语用能力、跨文化交际能力)的基础,也是提高英语听力理解能力必不可少的知识。

3. 交际听力微技能特征

听力理解是通过听觉器官和大脑的认知活动,运用语音、词汇、语法和各种非语言知识,把感知到的听觉信号转化为信息的过程,是一个对意义进行建构的认知过程和创造性思维过程。要想高效地从口头语篇中获取信息,必须了解听力理解的心理认知过程,以此为基础,引导学生有目的地运用储存在大脑中的原有知识图式对所听到的信息进行选择、整理和加工,通过分析、预测、推理和判断等微技能去捕捉和把握所听材料的大意。

记忆系统将输入刺激保存在大脑中便于以后进行回忆。信息以不同的方式存储于记忆中,记忆通常分为长期记忆和短期记忆。长期记忆与个人的总体知识和经验相关,功能是长期储存信息;短期记忆与即时激活的知识相关,功能是在较短时间内记住有限的信息。事实上,短期记忆中的信息既是对当前信息的加工,有时又需要借助已有的知识经验,把这些知识经验从长期记忆中提取到短期记忆中来。

因此,短期记忆中既保存有从瞬时记忆中转来的信息,也有从长期记忆中提取的信息,这些信息都属于大脑记忆系统当前正在加工处理的信息,因此,短期记忆又叫工作记忆。在听力记忆的过程中,短期记忆多为听觉编码信息,即语言文字的声音,而不是它们的形象。短期记忆中有一个负责对语言信息进行加工、存储的语音环路,语音环路负责将单词或短语先存放在短期记忆中,然后再通过重复把它们储存在长期记忆中。如果语音环路中储存的信息没有得到重复,通常在2~3秒左右的时间后就会消失。所以,在听力理解过程中,如果学生尚未掌握一个词的正确发音,该词就无法进入长期记忆,因为它无法得到重复,因而无法储存在语音环路中。

对学习外语的学生来说,短期记忆量的大小受学生所掌握的该语言的发音知识和语法知识的影响,学生发音正确并熟知句型和语法规则有助于其短期记忆。一旦一个单词或短语被储存在语音环路中,听者就会以单词和短语为单位在短期记忆中对被选择的信息进行编码解析。学习效率高的学生能够合理地运用听力学习策略,如联想、记笔记、想象以及整理归类等来延长信息停留的时间和增加记忆的容量。

在英语听力理解的过程中,学生将听到的信息与长期记忆中的信息相联系,进行匹配。能够将听到的信息和长期记忆中的信息相联系的加工模式是图式,即呈现在记忆中的知识结构,是大脑中信息加工系统的基本建构材料。听力理解中的图式可分为语言图式、内容图式和形式图式三种:①语言图式是听力理解的基础,主要指听者在语音、词汇和语法等方面的语言知识;②内容图式是指材料的内容范畴,是文章的主题或主旨,又被称为主题图式,一般情况下,对文章主题的了解程度直接影响着对文章的理解程度;③形式图式指的是对各种文章体裁(如寓言、故事、诗歌、戏剧等)结构的知识。在听力教学中,图式能够对听力语篇的理解产生指示作用,为人物、地点或事件提供前景。

当学生对材料所使用的文体比较熟悉时,能够比较容易地从语篇结构上推测出文章下一部分的内容,从而达到理解整个语篇的目的,以如下对话为例:

Woman: Oh, my car broke down again! How can I get to the office?

Man: Had my car been repaired, I would be happy to lend it to you.

Q: What does the man mean?

在这个小对话中,如果学生没有掌握有关虚拟语气的语法知识,理解对话中男子要表达的隐含意义(我的车也坏了,尚未修好,因此我也爱莫能助)则比较困难。

再如听到"I went to the dentist this morning. He gave me an injection and I didn't feel a thing."这样两句话,交际者必须具备图式知识才能达成准确的理解:①我们感到牙齿有问题时常常去看牙医;②牙医检查、矫正、修补或拔牙;③看牙是个痛苦的事情;④打止痛针可以减轻疼痛。医院场景、特殊参与人员(牙医、助手、病人)、交际情景的目的(给病人看牙)以及事件的过程(矫正牙齿、注射止痛针)等知识都能归结为"牙医图式",属于内容图式。

人类大脑中的世界知识就是以图式的形式组织在一起的,对牙医图式、看电影图式、图书馆图式、购物图式、学校图式以及就餐图式等知识的掌握在很大程度上能够促进学生对听力语篇的理解。所以,理解话语所需要的许多信息并不需要在话语中明确地呈现,听者可以根据自己所掌握的图式知识进行推测。但是如果学生缺乏相关图式,在英语听力理解过程中就会出现障碍。在听力理解过程中,图式是认知的基础,不仅可以用来理解文章已给出的信息,也可以用来预测文章后面将会提供什么样的新信息。学生大脑中的图式储存量越丰富,其听力理解行为就越准确、迅速,就越有利于听力理解的流畅性,也就越有利于建立新的图式。

在教学过程中,英语教师不仅要传授新知识,更重要的是要激活学生大脑中已储存的认知图式,使新信息更容易被理解和吸收并融合到已有的图式中,产生新图式,丰富大脑中图式的内容,从而正确理解和记忆所听的内容。对记忆而言,听、辨是基础、是依据,而理解则是根本、是核心。听者首先理解意义,其次注意形式。仅靠听、辨的记忆只是表层的记忆,表层的记忆往往不够牢固。记忆与理解相互作用,只有在理解基础上的记忆效果才会好。心理语言学理论也认为,在语言信息的收听过程中,学生一般不是靠词句表层意义来逐个地、机械地记忆词句的,而是将一个个词句组合起来,将其理解合成,而后再从意义角度来整体记忆。

综上所述,听力理解因为其特别的认知过程,要求学生具备很多应对听力理解的微技能,即实现技能,它是指拥有多种能够实现某个综合性活动的必备技能。对于交际性的听力活动而言,听者需要具备的能力是,理解前后对话的衔接关系,使用多种微技能,如推断、预测、猜测、分辨、识别等,完成对一篇听力内容的准确掌握,并能够针对其做出适合的回复。综合之前的研究结论来看,识别、分析、预测、猜测、推理、边听边记以及概括总结等能力,都属于听力的微技能。

辨别和找到关键词、关键信息的技能就是识别、分析能力,学生处于外语的学习氛围中时,听力习惯与听母语的习惯会不同,他们试图听清楚外语听力中所有的信息,然后再努力去弄清楚每一个单词,实际上这并不能帮助他们对听力内容完全认知和把握。并且在一篇内容很多的听力篇章中,很难快速抓住有用信息,于是就不容易把握重点。

学生在听力过程中,会受到理解目标的束缚,因此所听内容的信息价值都不一样,并且有主次之分,所以要求学生能够选择性地去听。在一篇听力语篇中,

第六章 产出导向法视域下的大学英语技能教学研究

尤其需要注意的是其中的关键词、句式和事实,通过它们能掌握与主题有密切联系的信息,这样能够保证听力过程的高效进行。在这个过程中,老师需要引导学生不需要竭力听懂全部的语句,可以适当放弃一些信息含量低,如功能词等无用词句,重点关注高信息量的词句意思。

重视发音清晰的非冗余词语,将注意力集中于每段对话中的实词,包括名词、动词、数词、形容词、代词和副词。

另外,一些重要的话语,如话语标记或讲话人语音、语调的变化等也有助于学生掌握听力语篇中的主旨信息。其中,话语标记是指用来引起听者注意的词、短语或句子。如果没有话语标记,说话者会用声调高低、语速快慢等变化手段引起听者的注意。

外部信号进入大脑后,激活了脑内图式进而产生预期,然后通过一套知觉的循环系统:证实—扩展修正—再预测—再证实,这个持续选择、理解和归纳的听力过程即为预测。举个例子,教师可以在听力开始前,指导学生首先了解文章的标题、主题词等,然后再预测这篇听力文章的体裁和情节,从而在综合层次上培养学生的理解能力。所以,预测的技能不仅可以帮助学生回顾已学的词汇和相关知识,还能让学生主动关注听力任务,提升学习兴趣。这样,在听的过程中能够发挥听者的主观能动性,并且通过边听边预测,可以及时更正和完善对整体的预测,以便高效快速地完成对有声语言的理解。例如,在听一个篇幅很短的小对话时,有 A、B、C、D 四个选项:A.16、B.8、C.32、D.64,学生若是能通过选项中的数字进行预测,判断听到的内容或许同数量有关系,并且联想到问话者可能会用到"how much"或"how many"类似的问句,因此在后面的听力过程中,就能把精力重点放在与数量相关的信息上。

学生在听力理解时可以依据有关的信息,譬如说话人和听话人的身份、谈论的主题、交谈的场景和语言环境的特色等,猜测听力语篇里出现的词汇、句子和整篇文章的意思。在猜测词文意义时,中国学生通常首先用到上下文语境的关联知识,其次是背景知识,最后是构词法与词性的知识。

例如,当学生听到语句"Everyone participates, young and old, noviceand expert",学生不认识"novice"这个单词,但根据"young"和"old"是反义词推测出"novice"和"expert"也应该是反义关系,"novice"的意思就应该是"not expert"。显然,学生使用了生词所在句的句内线索,即句内词汇语义知识及词汇之间的语义关系:"young and old"和"novice and expert"之间的平行关系以及"novice"和"expert"之间的反义关系。猜测词义的方法还有很多,例如,利用定义(is/means/refer to)、重述(or/that is/namely)、举例(for example/for instance/such as/like)等。

运用已学的知识,如语言知识、生活常识、文化背景知识等,推断整篇听力材料中间接表述的隐含词义、说话者的动机、事件之间的联系以及相关的结论等,这样的过程就是推理。推理是假定论证的自动自发的思维过程,尽管它属于较为复杂的听力技巧,但对于学生来说,并不需要等到拥有足够的认知水平再去培养这类思维。因为在外语学习的阶段,初学者通常还没有掌握充足的词汇和语法知识,反倒更应该培养推理的技能,去推断听力语篇中的"弦外之音"。

推理按类型来分,主要有五种:一是用于判断有歧义的词汇;二是补充图式的空位;三是给予带逻辑论证的论据;四是在语篇类型的基础上创建框架组织;五是挖掘讲话者的隐藏动机。

例如:

Man:Open wide, now, show me where it hurts.

Woman:Here, on the bottom, especially when I bite into something hot or cold.

问题:Who is the man?

听者首先可以根据对话,推理出这是看牙医的图式,其次通过图式中的角色和行为存在的制约关系,推断对话中的角色都具备怎样的特点和行为,最后找出问题的答案。

边听边记能力是初级听力技能和速记技能的综合。针对长篇幅的交谈和短文,在听力时不但要总结主题思想,还需要记住时间、人物、地址、人物、场景等细节。但是大脑无法保存太多短时的记忆,因此要判断所听信息是否有用,还需等待后文的出现,因此在听的过程中,记下一些或许有价值的信息,不失为一个好的应对方法。

边听边记需要掌握一定的技巧,如利用一些简单的符号、数字、有代表性的字母来记录所听信息,帮助回忆和理解所听材料。

所谓简单符号是指能够表示一定含义的符号,如"↑/↓"表示"up/down","←/→"表示"left/right","O"表示"in","Q"表示"Out"等。记录使用的字母要能够反映所记单词的特征,如"w"表示"woman","m"表示

"man","sm"表示"small","la"表示"large/big"。也可以根据自己的习惯自创一些记录符号,只要能帮助记忆而且自己又能识别,便于在听力理解过程中使用即可。不管创造什么样的记录符号,都是为了达到快速理解、清楚地表达、易于联系已经听到的信息的目标。

记录时应注意不能记得太长,只需记下要点即可。记下的内容要便于辨认,可以分行记录,每行只记一个要点;也可以使用母语文字来记录。边听边记涉及"一脑二用"的能力,需要特别训练,否则会出现听录音时无法同时记笔记、记笔记又听不到信息的情况。在英语听力活动中,教师常常遇到这种情况:听完一篇小短文后让学生表述主旨要义时,学生说的多是一些细枝末节、只言片语,有的干脆复述文章内容,但又不完整。这表明学生缺乏对听力语篇的大意进行概括的能力。在听较长语篇时,要力争把握听力语篇的主旨重点,这在很大程度上依赖学生的概括总结能力,因为只有正确总结和评价所听材料的主旨,才能分清主次信息。培养学生的概括总结能力应注意两方面:一方面帮助学生学会概括语言材料的主要内容;另一方面帮助学生总结出主要内容所蕴含的深层意义。

(二)英语听力教学的目的

1. 激发学习兴趣

教学活动具有双面性,对于教师而言,这是一种指导学生开展学习的教育活动;对于学生而言,它是在教师的引导下进行学习的学习活动,通过教师的帮助,学到更多的知识与技能,满足自身综合能力发展的需要。所以,教学的过程性特征,表现在它既是教师在教学中汲取教学经验的过程,也是学生在学习中不断成长,并得到综合发展的过程。在教学过程中,不管是教还是学,都需要重点思考怎样提升学生的学习兴致,怎样让学生具有强烈的学习愿望。

然而,这也是教师在面临听力教学时的一大难题,即面对听力理解的活动时,学生本身就有畏惧的心理,不愿意主动积极地参与,所以要感兴趣就更困难。具体原因如下:

(1)整场听力活动的进程和速度都被教师掌控,形成了以教师为中心而不是以学生为中心的局面。尽管很多教师认同并支持英语课堂上的交际性质,可是教师总会在听力活动正式开展时,不自觉地就承担了"控制"的作用。譬如教师会提出问题,并控制发问和解答的详略程度;教师也会决定听力录音播放和停顿的时间及次数等。因此,面对这样的教学场景,学生依旧只是被动接受录音中的信息,哪怕倾听的过程里有疑问和灵感,也无法及时与老师沟通,甚至不能跟同学进行探讨。

(2)学生容易在一些听力理解的活动中感受到孤立无助。因为过去的听力教学通常是"先听而后检查是否理解"的简单流程,就是老师将录音放上几遍,再提问与内容有关的问题。因为学生的语言水平参差不齐,并且传统模式的听力教学使学生不能在回复教师提问前进行讨论,因此,很多学生无法确信自己能够做出准确的选择,这就导致学生普遍压力很大,也不愿意自发回答问题。在听、说、读、写的英语四大技能板块中,听显然是一个很强的内在化行为。例如,在阅读过程中,学生的眼球会随着阅读内容移动,但是在听力理解过程中,教师难以判断学生是否在聚精会神地听,即使学生因为心不在焉而没有认真听,甚至因为前面没有听懂而放弃继续听的努力,教师也往往因为难以及时发现而无法提供及时的引导。

(3)课堂听力教学活动同现实中与当地人进行交际的语境大相径庭,课堂中的学生,没法拥有真实交际情景中的社交感受,当老师播放听力录音时,只能集中所有注意力在听力内容上,若是遇到篇幅很长、信息太多,或者说话者语速很快的听力内容,很容易出现理解上的偏差,并且在遇到理解阻碍时,他们也无法向讲话者发问,不能要求其重新说明或者做意义的论述。这样会导致学生在"失控"的理解中,萌生出深刻的不安感和挫折感。

更重要的是,听力理解过程不同于阅读过程,在阅读过程中学生能够主动控制阅读速度和次数,例如,学生可以重复阅读或者暂时停下阅读活动去思考某个单词的意义,而听力材料主要以声音作为传播媒介(有些听力理解活动会伴随图像),学生无法控制听录音的速度和次数。因此,与真实交际语境相比,课堂教学中的听力理解很难使学生产生真实的交际需要。

在上述情况下,学生通常会将听力理解当成一项非常有挑战性的技能,因此不愿意积极和自觉地投入听力理解活动中。那么,应该如何提升学生自主参加听力活动的意愿,使其在现实语境中使用英语交流产生交际的成就和自豪呢?这就需要教师改变过去的听力教学观念,不仅要对学生的听力结果做出评价,还应当指导学生积极地进行自我评价,这些都是提升学生英语学习意愿的积极方法。

自我评价的方法应该要普及适用,它不仅要能提升学生的学习意愿,还要有利于培养学生主动学习的能力,指引学生关注学习过程的同时,不忽视学习成果。每当听力活动完成后,学生应该在教师的指导下,回顾并反思自己在学习过程中使用的方法,并将这期间采用的不同学习方法、学习经历,以及个人在学习过程中的反映都记录下来,整理成学习日记,还要交给教师定期查阅,但是教师无须给予评分。另外,活动结束后还要常常展开小组讨论或者课堂探讨的活动,激励学生在以后相似的听力任务中运用所掌握的知识和策略,而且要在说、写、读、译等行为中都进行拓展沿用。

对于提升学生的学习意愿来说,听力活动发挥的影响力主要体现在四个方面:传播新信息、整合新老知识、应用和评论语言知识、完成同其他多种语言技能练习行为的融合。在听力理解活动中,新信息的传播搭建了一种尽量真实且符合当下学习主题内容的场景,塑造出鲜明、直接的形象,帮助学生产生想象,促使其重新记忆其相关联的知识或经验,又或者表象,达到新老知识的重新整合,并且有助于学生唤醒过去的经验,调整过去知识的印象,使新的知识可以被吸纳到完整的知识框架中,让学生对问题更充分地理解,更好地运用知识,以建构新的意义体系。这一套完整的学习过程,可以让学生在交互式的学习体验中充分激发自主学习的积极性。

以一篇关于保护地球的听力课文为例,项目作业大致包括以下三个步骤:

第一,课堂计划。教师布置项目作业,引导学生讨论作业的内容、主题、范围,预习与听力材料有关的关键词或短语,做好作业设计的准备工作。

第二,项目执行。学生课下通过去图书馆、网上搜索、组织访谈等方式收集相关背景资料,精心设计、制作充满个人创意的幻灯片;教师选择合适的时间,让学生展示、讲解自己的作品。

第三,反思与提高。教师引导学生对作品的制作过程和最终效果进行交流、反思,包括是否突出了主题内容、是否将关键词或短语以恰当的方式呈现给了其他学生等;对得到的反馈意见开展讨论,发现优势和不足,如哪些信息点没有掌握,或者哪些信息呈现方式不恰当等;积累经验,总结教训,培养自我管理能力,提高自信心。

上述三步将听力活动与说、读、写、译整合在了一起,在外语课堂环境下,构建了一个相对真实的交际环境,既有利于提高学生的听力水平,又能够提高他们的口语水平、阅读水平、写作水平以及翻译水平,学生的交际能力得到了整体性的提高。同时,项目作业是以任务为基础的学习活动,听、说、读、写、译各项技能的交互使用让学生体验到了运用英语完成任务所带来的巨大成就感,从而激发出其浓厚的英语学习兴趣。

所以说听力技能不但是学习外语的一大重要任务,还是提升学生自主学习意愿的一大重点方法。在学习活动中,学生不再仅仅是受到行为主义理论意义约束的被动接收者,或者知识的容纳者,而是学习的主体,是主动创建知识体系的人,还是创造和阐明学习意义的人。

学生的学习过程具有动态性、持续性和循环性,以及复杂性的特征,因此,需要教师承担起指导和激励学生学习的责任。教师通过自己的认知和情感体系,不仅能够帮助学生提升听力理解的能力,还能激励其保持对英语学习的热情和积极性,并将这种激情升级为强烈的学习动力,促使学生能够深刻认知并理解知识,养成主动探索的学习态度,自信、自尊的优秀品性。

2. 巩固语言知识

传统观念认为,英语教学过程中,教师的讲解是学生学习语言知识的开始。也就是说,学生需要经过教师的讲解,来初步理解知识内容,然后通过自己的口头训练和书写,进一步内化相关知识。但是,现代建构主义从心理学角度出发认为,教师的讲授过程并不是学习知识的最重要环节,知识学习需要根据认知因素和情感因素进行交互并建构,而听力教学的根本目的在于,通过不断内化和巩固所学的知识,构建一种知识体系。其实,正是语言学习理论的研究导致了教育领域的理念变化,语言学习理念受到语言学、心理语言学、社会语言学以及认知心理学等多种学科研究成果的共同作用。同时,将听力教学活动作为巩固知识的有效手段,这种理念是综合了很多语言学习理论的最终结果,主要影响如下:

(1)环境论影响。听力教学受环境论影响,认为语言学习是一个接受刺激、做出反应的机械化过程。其中,用听的方式接受到的语言输入,就是相应的"刺激",而学生理解和辨析所接受到的语音、词汇以及句子等内容就是"反应"。对于学生而言,识别和辨认语调、分析句子重音、掌握节奏等,就是听的目标,而语言学习其实就是不断通过重复和模仿,形成习惯并进行强化的一个过程,而且根据环境论，教师的任务是要让学生清楚地知道学习的重点和难点，并着重练习难点部分。学生在不断模仿、练习和记忆的过程中，掌握听力能力，要做到对输入信息的理解，只需要多听、多读、多练、多强化就可以了。

所以，听力教学观受环境论视角的影响，认为听力是一个被动地接收信息的过程，学生要想提高听力能力，只需要不断加强练习和重复就可以了。受此观点影响，听说教学法出现了。听说教学法强调听力教学的重要性，要求学生反复完成一系列诸如语音练习、短语记忆和对话模仿的听说活动。另外，听说法还对学生在语言形式层面的学习进行引导，帮助他们来建立听力习惯，听懂单词、短语以及句型。

（2）内在论。该观点认为，学生之所以能够掌握复杂的语言运用系统，是因为他们天生就有一种内在的语言学习能力，这个语言学习过程并不是单纯地建立语言习惯那么简单，而是一个动态的内在化过程。比如拿听力来说，作为获得语言输入最重要的一种形式，听对语言学习有着"激发"的作用。所以在听力教学时，学生其实在根据辨析语言的声音来完成意义的重构过程，也就是利用自己的认知能力来消化和吸收语言信息。所以，理解语言信息的意义对于听力理解有着重要作用，这个过程绝对不是不断重复、模仿、强化和记忆那么简单。因为内在论的存在，"以听领先"的教学观诞生了，该观点认为，听是听、说、读、写这四项能力中最为关键的一个部分，因为听和读处于接收过程，而说和写都是输出过程，所以听和读的输入自然先于输出部分的说和写。

其中，以全身反应教学法最为典型，全身反应教学法认为，教师下达指令后，学生依据指令进行非语言行动，这对帮助学生接触更多的语言信息以及进一步输出语言都有重要意义。听是最重要的，必须通过理解语言来向下一个语言输出阶段进行过渡。与环境论视角下的教学法不同，内在论影响下的教学法意识到了语义理解的重要性，认为以意义为基础的听力活动是语言能力发展的充要条件。

而且，这些以意义为基础的听力活动必须适合学生的语言水平和认知水平，必须根据学生的现实水平对语言输入信息进行必要的选择，遵循"i+1"原则，输入必须具有可理解性，语言输入信息的内容与形式难度应稍微高于学生当前的语言能力。显然，受内在论影响的外语教学法已经意识到听力活动是促进语言学习的重要渠道，但尚未考虑到听的互动性，也忽视了环境因素在听力理解过程中所起的重要作用。

（3）互动论。20世纪70年代，诞生了一种以互动形式为表现的听力教学。语言学习观随着时代不断变化发展，在当时的背景下，学习观认为语言受到社会环境影响，在不断社会化，是一个交际的动态过程，觉得现实的语境中，能运用语言能力是关键，不仅如此，还重视学生的认知能力培养。也就是说，互动论认为，语言环境和内在机制等因素都会影响语言发展，这两个因素在教学中的作用都不可忽视。站在互动论的角度来看，听力教学认为，听的重点应该是整个篇章内容，而绝对不是某个单独的词汇、短语甚至语句。学生在其中的重要作用，其实在于进行内容意义建构，而不是理解语言形式结构。

互动论中，对于听力理解中动态化和互动化的意义理解，有两种主流的观点。一种是信息处理，这种观点认为，学生必须将听到的信息在大脑中进行再次输出后才能理解其意义，也就是说，语言输出是一个更为重要的环节。听的过程要经历四个阶段，分别是语言输入、感知信息、辨析接收到的信息、理解语言等，这个过程具有序列性。另一种是建构主义，这种观点强调学生要根据听力目的和知识基础对现实意义完成建构，而不单纯是被动地对信息进行接收和处理。

以上几种观点都是在解读听的重要性和复杂性，同时也肯定了学生在该过程中的重要作用。认为学生在听力理解之前所做的知识储备工作具有图片理论的特征。该理论认为，学生根据自身的背景知识、生活经历等，熟悉一个话题的程度、了解文化背景的程度、对篇章形式的理解程度和对修辞方式的理解等，都以图片的形式储存在大脑中，进而进一步促进对听力语篇的理解。

20世纪90年代，社会语言学对听力教学也产生了巨大的影响。的确，听的过程必然涉及丰富多彩的社会环境，如所处交际语境的特点、交际者的身份关系等。只有考虑到了这些因素，才能确定交际者的语言行为的适当性及准确程度。而且，听的过程必然涉及多种多样的非语言行为，如面部表情、身体动作等，在不同文化背景下这些行为存在较大的文化差异。只有把握住这些差异，才能促进对语言的正确理解。

互动论听力教学受以上观点影响，通常有任务型教学和互动型教学两种方式，两者的共同之处在于，都重视理解口语篇章，认为学生是教学过程中的参与主体人群，可以自主地选择合适的储备知识来攻克任务。在进行任务的过程中，形式并不是最主要的内容，意义其实更为关键。任务型教学是让学生通过"听—用"

的模式进行互动,首先对真实的语言材料进行听力理解,其次根据所听到的信息,去尽力完成任务目标,在整个过程中,最重要的步骤其实在于根据听到的信息来完成任务,而不是前期的语言输入。互动型教学中,学生沿着"解码—批判性思考—输出"的轨迹,先接收信息并进行语义解读,然后完成批判性思考,最后根据自己的理解,口头输出内容。在此过程中,学生需要从和对方的谈话互动中获得相应信息,然后在脑中确定好如何答复,以及在表达时要采取的表达形式以及语言类型。不管是任务型教学还是互动型教学,都一致认为,听其实是一个复杂的、社会化的、互动的动态过程,学生参与其中,然后采用多种语境和输入方式构建现实意义。

总之,在真实的语境下交流和交往,是语言最基本的功能所在。其功能和交际用途通过语言结构体现,语言的基本单位除了语法和结构,还包括话语功能和交际的真实意义。我们之所以要学习语言知识,是为了能够在具体的交际场合中使用已有的语言知识恰当得体地表达出自己的所想所需,并能够领会对方的交际意图。

所以,学生除了要能够理解语言输入、利用语法规则造句、掌握语言能力,最重要的是恰当地使用所学语言知识。听的过程并非一个单向的信息处理过程,而必然涉及对语言信息的理解与输出。学生利用听力理解的过程,对新知识进行了构建,进一步强化了语言内容和规则。另外,由于在学习新知识过程中,主要采用的是听的方式,所以顺便也提升了学生的听力水平。听力教学其实也是一个学生学习、掌握和构建新知识的过程,是学生构建知识时有效的必备方式。

3. 提高交际能力

交际能力是综合能力的一种体现,不仅要有运用语法规则形成语言的能力,还要能够把握住正确的时机,根据交际对象的差异,灵活地选择句子去应对。也就是说,真正掌握一种语言,并不仅是学会使用这种语言的形式,还要懂得在什么场景下使用才更得体。交际能力又分为语言能力、语篇能力、社会语言能力和策略能力四个部分。站在外语教学的角度,这四种能力具体体现为如下几点:[①]

(1)语言能力。只有掌握了语音、词汇和句法等关键知识,才能准确地表

---

① 程晓堂,任庆梅. 英语听力教学[M]. 北京:外语教学与研究出版社,2011.

达语言意义。

(2) 语篇能力。语言交际中,感知语篇信息的能力不可或缺,不管是接收信息的语言输入,还是接收信息后对其进行解码,再形成意义表征,整个过程都是为了使理解到的语言信息达到上下文对照、语义通顺,然后再依据整个语篇信息提供的语境来正确解读输入信息。

(3) 社会语言能力。在交际过程中,要掌握正确得体的话语方式,需要学生对所学语言的文化背景有所了解,比如,在交际过程中,使用恰当得体的语言,提出疑问,或者根据当前话题语境,委婉地表达语义,然后辅以一些面部表情、眼神和肢体动作等非语言手段,进而实现成功交际的目的。

(4) 策略能力。要想获得交际的成功,有时需要掌握一些语言和非语言的交际策略,比如学生们常采用的迂回表达、放慢语速、突然改变语调或者重点强调某个词语等方式。策略能力能填补和完善由于缺乏相应的语言能力、社会语言能力以及语篇能力等导致的不足。

对语言系统中的语音、词汇还有句法等知识成分的辨析能力,总称为语言能力。要想对交际过程中口语的真正含义进行解读,必须掌握这些语言知识。一方面,只有在掌握了词汇和语法知识后,才方便利用这些知识理解语句,判断上下句之间的连接关系是否合乎情理、是否语义通顺;另一方面,学生的听力能力也受语音知识的影响和促进,因此,学生还应该掌握词汇音节划分,以及节奏、语调和重音等使用技巧。学生对语言系统的掌握能力,实质上就是其语篇能力的体现,如果缺乏相应的语音、词汇和句法等相关语言知识能力,那么自然就做不到正确理解听力篇章。

语篇能力(听力技能)展示了学生对口语篇章的解读能力,是其他各项能力(语言能力、语用能力、跨文化交际能力、策略能力)的综合反映。因此,语篇能力被视为交际能力框架中的核心部分,体现出学生对句子以上层面的语言信息的理解能力,涉及对篇章特点的把握,如连贯与衔接等。为了辨析和解读听到的篇章信息,学生首先必须要理解听力材料具有哪些语篇特征,并将这些特点与篇章的交际目的和语境相联系。

在这个过程中,学生积极参与信息交流过程,激活了交际能力框架中的其他知识。语篇能力意味着学生在听的过程中能够理解口语语篇各个组成部分的意义,并能够把握这些组成部分在篇章层面上的联系,确保交际在有意义的前提下顺畅地进行。

学生在某种特殊意境下，理解语言功能的能力、对语言的表面含义和深层含义的解读能力、对相关的社会语用条件的掌握，都和语用能力息息相关。

所以，必须清楚地了解意境是否正式，参与人员互相之间的社会地位和性别、互相之间的熟悉程度等，才能真实地了解说话者的交际目的。一般情况下，正式的语体中，句子的形式较为完整，疑问句不使用陈述形式，宾格疑问代词不使用疑问代词替代，而且介词位于句子的句首；而非正式的语体通常采用省略形式，在陈述句中加入一些疑问的口气或者符号来表达疑问，也会用疑问代词替代宾格疑问代词，通常将介词放在句尾。

所以，根据交际语境的差异，交际者需要选择合适的词语以及句法来表现语体是否正式，通过一些语音、语调甚至肢体语言等辅助形式，来完成交际需要，这些辅助形式包括面部表情、身体动作等一些除语言之外的表现形式。学生能否准确理解口语篇章，关键在于是否准确掌握了语用信息，因为即使学生不能够全面掌握语言系统，也能通过对语用信息的理解，领会到口语篇章中的交际人真正想表达出来的意图。

跨文化交际能力是指为了适当而准确地解读口语篇章，学生应具备的相应的文化知识和非语言知识。每个篇章都会有一定的文化基础，如果学生充分了解相关的文化背景知识，就可以避免因文化误解引起的理解失误。大量的文化知识规则不必以明确的方式教给本族语者，但是必须以明确的方式教给那些来自其他文化背景的学生。借助课堂学习活动教给学生这些文化知识，并使其通过切身体会巩固这些文化知识，能够赋予学生更强的学习动机。

在考查和评价学生对文化背景知识的掌握情况时，可以将易引发文化误解的交际场景呈现给学生。这些场景极有可能导致本族语者产生负面情绪，如恼怒、生气或疑惑等，要求学生进行判断，指出问题所在并加以纠正。对学生不容易理解的地方，教师可及时提供启发性文化背景知识，并组织课堂讨论，以此来引导学生了解和掌握目的语文化背景下的社会交往知识和技巧，并将其与学生的母语文化加以适当对比。对文化背景知识和非语言交际方式差异的了解有助于学生对口语篇章产生全面而准确的理解，有助于学生输出得体的、符合目的语社会文化规范的语言，从而提高其综合交际能力。

交际策略和学习策略统称为策略能力，其本质是建构语言交际方式。学习策略的目的在于，提高学生的听力技能，其内容有认知策略、社会情感策略等。其中，培养元认知策略是最重要的部分，培养元认知策略，不仅能提升学生的元认知水平，还可以通过学习过程，不断优化以及调整学生的自我控制能力，从某种程度上促进语言水平的发展。另外，听力课程中如果重视和关注培养学生的策略能力，则体现了人本主义思想。因为提高学生的策略意识，不仅能锻炼学生的学习自主性，还能提升他们的计划、监控以及评估能力。

所以，语言知识又包括语音、词汇、语法等多个部分；而语言技能是学生们具有的听、读、说、写、译等用来和人交往的能力，两者组合在一起，成为语言综合运用能力。另外，语言运用能力还包括社会语言能力、策略能力以及语篇能力。学生之所以学习外语，目的就在于提升其语言技能和一些相关能力的融合能力，另外，外语教学的目标还包括让学生具备一定的语言知识储备，提高语言技能，提升语篇、策略、社会语言等语言运用能力。

语言输入方法中，听力教学方式的重要性不容忽视，其优势在于，可以帮助学生有效地辨别英语语言的声音符号，从而进一步根据信息积极参与思考，并对语言进行重组，创造性地接收和学习全新的语言，最终使自己的语言运用能力得到发展，所以说，听力教学是帮助学生掌握综合语言运用能力的重要方式之一。

二、英语口语教学分析

（一）英语口语教学相关概述

从不同的角度解释口语的概念，会有不同的功能。从方式上看，属于语言输出的范畴，从方向与形态上看，属于口头技能。口语从结构上可做两种解释，从构建上说，是开放的、自然发生的，并且持续发展的；从综合性上来说，它是语篇、语言的结构以及语言根源的综合体。口语的特点辐射到诸多方面，并且与同类的语言学，如篇章语言学等，以及其他语言学都有紧密的联系。要想顺利交流，必须要掌握很多方面的知识，如双方的文化和政治，以及社会的基本礼仪等。

如何说好口语，分两个方面：第一，口语的获得，即掌握口语的技能，能够准确地发音，通顺地说出话语，能基本表达出自己的真实意图，表明能掌握基本的口语能力；第二，口语的运用，是在口语获得的基础上，养成良好的语感，说话流畅，准确表达出自己的意思。

口语是日常用语，它有明显的特征——即时性。在日常对话中，口语表述往往存在重复、短语，以及套语和一些语块等。口语还存在时间的压力，一般来说，口语是在一段时间内产生的，即便是未经过组织或思考后的话语，说话的行为人必须在这段时间内交流，不然听者便会失去兴趣。

为了保证会话进行得顺利和愉快，说话者要遵循以下几个原则：第一，选择合适的话题。第二，说话者围绕话题进行谈论时，要注意把握话题，并且把握好在此话题上持续的时间，此外，如何巧妙地插入话题，在谈论中把握话题的走势也很关键，在转换话题时要注意对语言进行处理，运用好停顿与填塞词。

由此可见，口语属于输出的范畴，说话者必须掌握大量的知识技能，而且口语的技能有规范性，还有即时性的特征。

会话顺利进行，离不开话题转换技巧。在使用本族语言时，很多人可以轻松做到这一点，但是对于外语学习者却不轻松。口语教学中，对意义磋商的训练就十分必要，如确认检查等，可以有意识地锻炼学生的话题转换能力。

（二）英语口语教学的方法

口语教学分为直接法与间接法。二者在形式和内容上的侧重点都不同。在形式方面，直接法采取面授、灌输式的讲述会话技能，而间接法采取互动式的教学，让学习者参与其中。在内容方面，直接法侧重于非正式会话的谈论技巧和策略，这其中包括话语转换技能、控制话题的技巧，以及修补话题的技能等，还包括会话的基本礼仪，分为正式会话与非正式会话、人们约定俗成的规则等，对学习者语言的流利程度也有要求；间接法侧重于培养学习者的会话能力，即在互动中表现出的能力，让学习者构建自己的语言结构，并通过互动交流来不断完善，形成一个清晰的结构框架，所以开展交际的讨论十分重要，口语课上，可以对学习者进行分组讨论，进行互动及有意义的磋商。

直接法的教学方法很明确，即将教学系统分解成若干个教学目标，每个教学目标开展一个口语活动，化繁为简，步步推进，以此完成教学中规定的任务或者计划，这样的教学模式有很强的操作性和针对性，学生能在学习中提高口语能力，目前，一般的大学并没有开展培养学生口语技能的课程，但是教师授课时可以往这方面探索。

间接法的侧重点在于相互交流的语言能力，即意思表达，而不是针对学生的口语技能进行培养，授课的形式离不开互动，因此这种模式下，口语技能也随之发展，只是作为"副产品"。间接法培养的语言能力，不是表层的能力，它是隐藏在对话中的能力，所以这种能力的提升过程较缓慢，而且互动的过程不存在明确的指引，甚至会涉及某一技能。

口语活动的开展，应围绕学生的日常生活及学习。因为围绕学生的生活及他们的学习，更能调动起学生的兴趣，从而使互动更加顺畅。这需要从以下三个方面入手：第一，了解学生的交际愿望。第二，围绕学生感兴趣的话题。第三，将此类话题与口语教学相结合。教育初学者时，可以采取看图说话等方式，开展此类活动。

培养学习者的口语，需要把握准确性和流利性。教学初期的技能获得时，要把准确性放在首位，在此基础上不断巩固，并且训练后者的口语流利性。对于后者，应采取循序渐进的方式，不急于求成，一定要在保持正确性的前提下，自然流利地表达，而一个标准的口语者，要在准确性和流利性的基础上，富有创造性地引导交流。

鼓励学生开口学习英语，因为口语属于输出的范畴，只有多加练习，才能掌握，学生不愿意说英语，主要有以下几种因素：文化因素、心理因素，以及情感因素。在课堂上，学生因为语言水平低、怕同学嘲笑、提问不平均、回答时不能快速作答等原因，不愿意回答问题。

因此，应改变学习环境和教学的主题，教师应开展学生感兴趣并有意义的活动，同时营造好安全的学习氛围，激发学生的热情，开口交流。口语教学的目的在于，给学生充分练习的机会，不能因犯错而制止学生说话，教师应当多给底子薄、基础不好的学生机会，在其回答问题时给予适当的支持，并且鼓励学生们回答问题，让他们敢于开口讲话。

三、英语阅读教学分析

(一) 阅读教学过程设计的基本原则

(1) 符合认知规律原则,因为学生对语言的认知分为两个阶段,一是感知语言阶段,二是模仿应用阶段,其先后顺应不能颠倒,否则将悖于客观的发展规律,而无法真正进行下去。因为学生在不了解语言交流的情况下,很难做到对语言的感知认知,所以应当先进行教材设计的内容,让学生感知语言的运用,再组织学生运用语言进行活动。进行此项活动,主要分为三类。第一类,知识类,将知识的识别转述给学生,并讲述其中的细节和要义;第二类,领会类,通过解释知识的方法,让学生对知识进行转化或者推断;第三类,分析类,此类活动的难度最大,需要学生对知识进行整理,并捋顺相互之间的关系。

对于教师而言,要综合上述因素,进行合理的活动设计。

(2) 支架原则。在教学活动中,利用前期的准备,或者以一个设计活动为铺垫,来开展活动会起到事半功倍的效果,通常情况下,设计活动要有顺序性,即前后关联。活动支架有多方面的,比如策略式、图样式、音频式等,一般要参照活动要求。制作此类的活动支架,可以由教师单独完成,也可以由师生共同完成。

(3) 顺序参照原则。进行教学活动应从简到难,语言类的活动同样如此。就活动而言,组织看图说话类形式的活动最为基础,适合刚刚学习语言的学生,随后开展表达类的活动,让学生能够传递信息,表达自己的思想,最后是策略类活动,让学生展示自我,这是在语言的认知和运用的基础上进行的。

(4) 关联原则。阅读是一个知识积累和自我内化的过程,阅读的意义在于培养阅读的技能,而非单纯的语言学习。在开展语言学习时,通常会存在学生对语言的理解产生障碍的现象,就可以用图片的方式来解答,但解答时应该注重含义，而非用法。随着学生对文章的反复阅读，会加深学生的认知，再通过归纳总结的方法，使学生更加容易掌握，进而开展语言训练活动。

(5) 递进原则。递进指将阅读活动分为若干阶段，比如首先进行正误判断，其次进行填充图样，最后回答问题。因为回答问题能体现出学生的综合素质，所以应该将其放在最后，不能本末倒置，违背设计的基本原则。

(二) 阅读策略培养的原则

(1) 显性原则。策略教学与其他知识和技能教学不同，需要采用显性的教学方式。所谓显性，是指教师采用归纳或者演绎的方式呈现策略的知识、功能与操作方式，训练时明确所要训练的内容，反馈时评价策略的使用。策略与其他内容不同，既有描述性知识的特点，又有程序性知识的特点。学生有必要了解、掌握策略知识，同时还必须能够熟练使用策略完成阅读任务。因此，在适当的教学环节，有必要采用显性的操作方式处理阅读策略，而不是期待通过无意识的策略使用培养学生的策略意识和策略使用能力，因为策略本来就是有意识的方法的选择与运用。

(2) 辅助性原则。策略学习的目的是提高阅读的效率和质量，策略培养的目标为学生阅读能力的发展服务。因此，策略教学也必须服务于阅读教学，而不是为学习策略而学习策略。虽然策略教学应该采用显性的教学方式，但是并不表示课堂教学必须围绕策略展开。只要能在阅读教学中渗透策略培养的理念，在适当时通过询问、归纳、点评等方式增强学生的策略意识，学生的策略能力就会得到提高。

(3) 持久性原则。策略的掌握是一个漫长的过程，需要反复多次地使用。不能期待通过一两次的训练就达到应用的目标，尤其是推理等策略的掌握。策略的培养可以采用专项训练的方式，但是这往往会冲击常规课堂教学。因此，最好是根据教材中的阅读材料设计相关的阅读策略训练活动。教师需要有策略培养的意识，把策略的培养作为一种长期的教学任务，而不能因为学生在前期阶段可能已经学过某个策略，就不关注该策略的应用。

(4) 认知与元认知相结合原则。阅读策略有认知与元认知之分，认知策略服务于具体的阅读任务，而元认知服务于所有的阅读任务。学生需要掌握策略资源,以便更好地获取可用资源,提高阅读能力;需要计划自己的阅读,根据不同的阅读任务选择适当的阅读方式;还需要监控、评价自己的阅读行为和阅读效果。

(三) 阅读策略的主要培养方法

任何策略的培养都应该包含呈现、训练和应用三个环节,最起码应该有呈现和应用两个环节。在设计策略教学时,应注意分析阅读所涉及的策略是不是学生首次接触。如果某项阅读策略是首次接触,教师最好能够演示策略的操作方式,讲解策略操作的功能,让学生在了解策略作用的同时,明白策略的操作方式。如果不是首次接触,教师就可以直接提示阅读策略,交代阅读任务,最后评价阅读策略的使用效果即可。

(1) 呈现。呈现可以采用归纳的方式,也可以采用演绎的方式。所谓归纳,是指教师先提出阅读任务,由学生自由阅读回答问题,教师通过询问学生阅读的方式呈现新的阅读策略。中学教材中常设有要求学生将段落与相应的主题匹配的活动,教师完全可以在活动之后组织学生讨论如何寻找主题句,然后呈现主题句阅读策略。

(2) 训练。一般教材都不设计专门的策略训练活动,策略的训练多数情况下要通过课文的阅读教学实施,就是利用课文开展阅读策略的训练。比如,通过阅读每段的首句推断文章大意主题的策略就需要教师专门设计,因为教材不会提供这种练习活动。

(3) 应用。应用与训练的不同之处在于训练时可以明确提示训练的内容,提醒学生按照某种方式阅读,要求学生采用某种策略。而在应用环节一般不提示阅读方式和阅读策略,只是布置阅读任务,由学生按照任务要求选择适当的阅读方式。如果学生能够运用应该使用的策略,就说明学生已经掌握了该阅读策略。如果某一阅读策略在前面的章节已经学过,再次出现时就可以采用应用的处理方式,不事先提示可以使用的策略,而是在学生完成阅读任务后评价学生阅读策略的使用。

四、英语写作教学分析

作为教学难点之一，写作能力的培养不是一蹴而就的，需要长久的积累和练习才能实现。在实际教学过程中，存在着投入精力和教学效果不对称的问题，许多教师虽然对写作教学投入很多，但无法取得预期的效果，导致许多英语教师产生了困惑。对此，除了需要掌握扎实的外语教学理论，还应当不断以成功的写作教学经验和先进的教学研究成果为榜样。

（一）英语写作教学的基本方法与研究

1. 写作教学方式探究

早在19世纪，写作能力就被当作对口头语言的书面表达和转述方式，在这种情况下，语言写作是脱离交流双方的面对面语境而存在的，写作者和读者处于两个相对独立的空间中。20世纪50年代以后，写作开始逐渐跳脱原有的身份，成为应用语言学范畴的重要组成内容之一，逐渐成为研究的热点问题。对写作教学的发展过程进行研究和总结，发现目前基于认知理论、社会学及语言学已经形成多种教学理论学说，同时也对英语写作教学的过程及结果有不同角度的指导，下面对以下五种常见的写作教学方式进行阐述。

（1）结果教学法。重视写作结果是外语教师在20世纪60年代左右的普遍指导思想，他们一般将学生是否能写出一篇比较完整的文章作为写作教学效果的评价目标，在这种背景下，教师一般采取"范文"教学的方法，即在提供一些写作范文和提示词句的基础上，由学生进行模仿或词句的拓展，而教师没有将学生对写作的理解能力作为重点，而是主要注重句子语法的正确性，最终形成一篇文章，换而言之，这种教学模式培养的不是写作能力，而是遣词造句的能力和语法句式的练习。学生往往按照句子、段落、篇章的过程练习，最终写出一篇文章来。具体而言，教师通常针对写作主题，对范文中的写作技巧或者典型的修辞手法给予讲解，然后学生根据范文相关的英语文章进行讨论和分析，重点是根据所掌握的写作技巧或者典型的修辞手法完成写作任务，然后教师重点对文章的句式语言的正确性、文章思路架构的合理性进行讲评，最终考察的是写作结果而并非写作思路和过程的培养，因此被称为结果教学法。

这种教学模式，将教师教学、学生写作和教师讲评这三个环节割裂开来，不能让学生自由表达自己的想法，对于写作过程难以产生共鸣，因而无法真正了解写作主题，也无法有效调动学生的积极性，不利于培养写作兴趣和写作能力。学生所写出的文章，不管是在结构上还是在内容上，都缺乏生动性，而且形成了"千人一面"的尴尬局面。此外，结果教学法过于追求教学结果，这种单一的模式，虽然帮助学生建立了连贯性的写作习惯，但是却忽略了生动写作最重要的因素——写作者自身的情感体验，如果不能发挥学生自己的主观能动性，写作内容会缺乏生动的生活体验，再加上学生无法融入写作讨论和修改过程中，面对写作过程中的诸多困难，容易产生焦虑、提不起学习兴趣等负面情绪，久而久之会形成写作心理障碍。当前，人们已经开始正视结果教学法所带来的一些负面影响，开始将写作者在写作过程中产生的心理和行为当作教学重点。

（2）过程教学法。20世纪60年代，在多种语言理论、信息学、认识论的影响下，过程教学法逐渐开始发展起来，20世纪80年代，被广泛应用在写作教学中。与结果教学法将学生是否能写出一篇比较完整的文章作为写作教学评价目标不同的是，过程教学法的重点是让学生投入实际写作的过程中，动态提升写作能力，并且注重对学生写作思维和创作思维的培养，充分将写作者的情感体验和主观能动性投入写作过程中。在此背景下的写作评价内容，也是将学生的互相合作、交流沟通、情感体验和写作策略规划当作重点，全方位提升学生的写作行为和写作思维。

按照过程教学法基本理论，从发生顺序角度，写作可以分为三个阶段：写作之前、写作过程以及写后修改；从创造角度来讲，写作又可以分成计划、语言表达以及检查这三个阶段。在实际写作过程中，由于其复杂性和非线性的特点，写作往往是三阶段的反复循环过程，在此过程中，加强对学生的思维训练，使其将外部环境和内心体验相结合，充分体现了写作过程的复杂性和交叉互动性。此外需要指出的是，过程教学法的重点，不仅是对写作思维、行为和手段的培养，同时也应注重对写作产物的评价。过程教学法的特征可归纳为九点：①重视能够产生习作的过程；②帮助学生理解自己的写作过程；③帮助学生构建关于写前、起草、修改这些过程的策略;④给学生写作和重写的时间;⑤在整个写作过程中都给学生提供反馈,使他们越来越靠近写作意图;⑥特别重视修改的过程;⑦让学生发现自己想写什么;⑧鼓励教师和同伴反馈;⑨在写作过程中让师生有面谈的机会。

在此模式下,外语教师充分尊重学生的自由和主体地位,从其情感体验和主观能动出发,合理进行写作教学的设计,引导学生逐渐建立写作资源获取的方法、写作情感的培养手段、写作心理障碍的克服方法等。除此以外,教师在写作过程中,积极以小组为单位布置一些讨论任务,这样不仅可以在思维碰撞中产生多元化的写作思路,还能帮助学生解决写作任务中产生的困难,在交流互动中找到写作思路和素材,避免出现无从下笔的现象。长此以往,学生能够培养对写作的热情和积极性,并逐步提高自己的写作能力。过程教学法还可以发展学生自我评价和同伴评价的能力,把评价权从教师的手中交到学生手上去,从而发挥评价的作用,从自我评价和他人评价中发展自己的作文能力。另外,以过程为主的写作教学模式主张以作者为中心,强调文章的意义和内容,以及文章的形式必须为内容服务。过程教学法成功与否的关键取决于教师是否组织学生进行小组讨论以及如何对学生的作文做出反馈。

(3)体裁教学法。体裁教学法是一种兴起于 20 世纪 80 年代末的写作教学方法,其主要特征是外语教师在写作教学时,注重对体裁的讲解和分析,立足于日常生活对不同体裁采取相应的写作方式。所谓体裁,是指诗歌、对话、小说、散文或者书信等,具有各自类型特征的一类语言活动,一般具有三个典型特征,即同一类体裁的常规性、不同文章的差异性、基于交际目的的决定性。在这种教学模式下,写作教学主要包括以下几个环节:①范文分析,是指教学重点是针对某一体裁的文章,选取特定的范文,对文章中的句式、语言和结构特点进行系统的讲解和分析,从而使学生全面掌握该体裁文章的特征,在此基础上进行下一步的写作训练;②模仿写作,是指在对某一体裁的文章特征进行全面掌握的基础上,对范文分析中的知识进行实践运用,模仿不是一味地照搬,需要在对文章语言风格和句式结构进行理解的基础上才能进行;③独立写作,是指学生能够根据写作题目的要求,独立选定体裁,将思维进行表达并创作。从上述分析中我们可以看出,体裁教学法能够总结出写作的规律和特点,将其归纳成一种学生可以掌握的规律性社会交往活动,学生能够从规律中认识客观世界,这是其他外语写作教学方法所不可比拟的优点,能够克服学生写作的心理障碍。但同时由于体裁自身的规律,会对写作者的创新思维产生限制和束缚,而且实际社会生活中的体裁是十分庞大的,教学过程不可能涵盖所有的体裁。

(4) 外语写长法。外语写长法有一套完整的理念、切实可行的操作程序和评估体系。写长法的理念有以下四点:①注重对情感体验的培养,有助于提升外语学习效果;②外语写作技能不能单纯依赖"教",更要注重"学"的过程;③写作能够将知识理论转化到社会生活应用中;④重点是培养学生的创新思维,充分开发学生的潜力。写长法的特征有以下两点:一是在外语教学过程中,以"写"作为教学途径的突破口;二是将外语教学效果的评价体系进行革新,以"量"作为基本出发点,从量的积累中促进质的提升,此外,在奖赏与批评的评价方法中,选择奖赏为主,以赏激情。外语写长法是在对写作量的积累过程中,培养学生对外语的信心和成就感,并形成良性循环,逐步突破对写作困难的畏难心理,换言之,使学生的情感体验得到满足,从而产生持续的学习动机。此外,在对写作长度的练习过程中,既能够对语言表达能力进行训练和培养,增加语言基础的扎实性,同时还能够培养创作思维、拓宽写作思路,在写作长度不受限制时能够使思想得到自由而充分的表达,使学生的思维具有一定的深度和广度。因此,外语写长法一般对学生的英语基础有一定的要求,一般需要掌握一定的语法知识和词汇量,同时具备良好的阅读能力,这些可以在写长法学习模式中得到充足的实践应用机会。

(5) 结果教学法和过程教学法。结果教学法注重对文章思路连贯性、语言运用准确性的培养,强调文章质量,而过程教学法是基于对文章不完美这一基本出发点,注重对文章的反复修改,通过思考讨论、初稿形成和反复修改等过程逐渐提升文章的质量。这两种教学方法一直是外语写作教学模式中比较有争议的两种方法,通过将两种写作教学方法有机融合,能够提升写作和语言的运用能力。表6-1是对两种方法的比较。

2. 英语写作教学过程研究

(1) 构思。写作是由写作主题、写作者情感记忆、写作过程三部分组成的,其中写作过程又分成构思、转译和修改三个环节,而所谓构思指的是对写作内容的信息调动、观念组织、目标制定,只有通过合理而完善的构思过程,才能保证写作的质量,而有研究表明,一般构思可以占到整体写作用时的1/4,并且最终成文的质量与写前构思的质量和数量有着显著的关系。

表6-1 采用结果教学法与过程教学法对比

内容 \ 方法	结果教学法	过程教学法
对写作本质的理解	写作是结果	写作是过程
写作任务	以句子层面为基础	以篇章为基础
写作模式和步骤	线性:大纲—写作—编辑;一个写作步骤	往复式:草稿—修改—再修改;三个写作步骤:预写—写作—修改
参与写作的方式	写作者独立写作	写作时讨论、协商
写作中教师/学生的作用	教师控制;既是听众又是法官	以学生为中心;既是听众又是写作者,学生的态度和积极性是重要因素
评估	只有教师评语	通过课堂从教师和其他读者得到反馈

(2)起初稿/成文。起初稿可以是单个学生独立完成的,也可以是以小组为单位进行的。过程教学法认为写作是一个复杂的、重叠的认知过程;写作过程涉及灵感、思路设计、观点罗列。在整个过程中的参与者,往往不只作者自己,作者往往需要对自己的思路和观点进行组合排列、发展完善和反复修改。整体说来,这种信息加工模式从思路出发,逐渐完善并构成文章结构,并通过修改形成一篇优秀的文章,概括而言,就是"由上而下"的模式。这一阶段所侧重的内容是篇章结构,语言运用是次要的,教学重点帮助学生实现文章创作、组织结构和整体思想的连贯性及统一性。

(3)修改。写作教学的目标之一,就是要让学生养成修改作文的习惯,很多写作技巧均由修改作文而得。写作有两个过程:一是由教师发给作文题目,学生呈交作文;二是学生收到教师批改的作文,再依据评语进行修改。以往有关学生写作的研究往往围绕第一写作过程,而对第二过程重视不足。由此可见,修改是写作过程中一个重要的步骤,是提高学生写作能力的必经阶段,因此也是写作教学不可或缺的内容。写作是"思考—书写—修改—再思考"的往复行为,这一过程是"生成的""合作的",而不是一次性的单向行为。

修改可以通过几种方式进行:①讨论式包括学生一对一交谈或全班讨论;②罗列问题是帮助学生罗列一份可供对照的问题清单;③自我编辑是学生在讨论或罗列清单的基础上对自己作品进行自我评价,在修改阶段要注意的一个问题是如何把教师反馈、同伴反馈和学生自我反馈的结果结合到修改稿中,使修改稿真正做到在质量上优于初稿。

(4)反馈和评价。反馈可以是来自教师的反馈,也可以是同伴或自己的反馈。教师要提供正面的、具有建设性的反馈。教师的反馈至少要包括三个因素:①对文章中的优点给予正面评价;②需要改进的地方;③对学生在文中讨论的问题提出自己的见解。教师的评价最好具有个性化。教师要尽量为学生提供分享写作结果的机会。教师可适当安排单个学生向全班学生讲解自己的作文,这也是学生互相学习的机会。

(二) 英语写作教学的注意事项

英语写作教学主要遵从以下十种注意事项。

(1)写作活动应当和其他语言技能活动有机结合。任何一门语言都是一个完整的体系,语言学习也需要从听、说、读、写四个方面立体地展开。写作作为外语学习的重要组成部分,虽然与其他三者有所区别,但本质上通过互相之间的联系,共同促进了语言体系的完整性。一般来说,写作与其他技能的关系主要有:①写作和阅读二者关系比较紧密,从阅读积累中可以得到许多语言句式、文章观点和结构设计等方面的典范,并将其内化转变成自己的写作资源,可以有效帮助克服写作畏难心理;②写作与说相结合,可以将说这一语言技能作为写作的基础,为写作能力的提升提供动力;③听可以获取语言,并通过写作对结果进行表达和反映。

(2)写作任务应当因材施教、设计合理。科学的写作任务既能激起学生的兴趣和表达欲望,还能够提升学生的语言运用表达能力,这两种特征是针对写长法提出来的,但在一定程度上也适合中学写作任务设计的要求。因此,应当从学生实际能力和日常生活经验出发,使所设计的写作任务能够涵盖学生所学,在写作训练中,培养学生的创造性和思维能力,还能够通过学习新词汇句式不断增加知识储备，将所学知识与热点话题和社会现实相结合。

（3）将结果教学法和过程教学法有机结合。结果教学法注重的是对文章思路连贯性、语言运用准确性的培养，强调文章质量，而过程教学法是基于对文章不完美这一基本出发点，注重对文章的反复修改，通过思考讨论、初稿形成和反复修改等过程，逐渐提升文章的质量，其中后者更能够激发学生的自主性和创造性，因而更遵从语言学习的基本规律。将二者有机结合，既能够注重对学生写作基本素质和创新思维的培养，还可以帮助学生获取文章写作基本结构或篇章层次的设计，应该将二者有机结合，根据具体教学实践过程，合理选择教学方法。

（4）重视写前构思和讨论过程。写作是一个复杂的过程，只有做到胸中有天地，才能做到下笔如有神，也就是说，外语写作教学，应当重视对学生进行写作前资料搜集和文章思路构思能力的训练，在了解相关资料或与其他人进行充分讨论的基础上，构思出文章的基本论点和论据，这样不仅可以克服写作困难、减轻写作负担，还能通过写前的充分准备，建立起合理的文章架构，培养合理的写作策略。

（5）注重对写作者"读者意识"的培养。应当在教学过程中，融入体裁教学法，在对不同体裁范文的分析及模仿练习的过程中，逐步培养"读者意识"，从而在面对特定写作体裁时，能够恰当合理地选用句式词汇或修辞手段，满足读者的阅读需求，也就是"适切性"。

（6）多种评价方式相结合。教师的评价会对学生产生不同性质的影响，为了树立语言学习的信心和动力，教师应当多采用鼓励等正向评价方式，将学生自评、互评和教师评价等多种方式相结合，不能单纯以文章结果作为评价目标，而是合理制定评价指标和评级方法，通过多元化评价方式，促进学生提升自信心。

（7）不断积累写作素材。写作能力不是一蹴而就的，教师应当引导学生在平素阅读或范文学习的过程中，对典型句式或词汇等进行积累并记忆，地道的英语是通过一些固定而优美的句型和英语的习惯说法来表达的。

（8）个人与小组协作结合。在实际语言应用环境中，除了许多个人独立项目之外，往往还涉及一些团队项目。外语教师可以有意识地将一些小组合作的写作任务融入英语课堂教学中，引导学生通过组内讨论写作，将个人智慧和个人能力集中起来，并通过结果展示和竞争等，提升学生的集体荣誉感，在此过程中不仅锻炼了学生的写作能力，还进一步强化了写作动机。

(9) 注重写作情感，建立写作策略。语言学习效果受到学习者情感的影响，因此在写作教学中，要多采取鼓励态度，激发学生的情感体验，在写作过程中建立自信心和成就感，比如教师在布置写作任务时，要充分考虑任务的可行性，引导学生建立合理的写作策略并及时反馈。

(10) 正确处理写作错误。外语教师在鼓励学生创新的同时，要采用恰当的态度对待其出现的错误，避免挫伤其写作兴趣和积极性。

第二节 产出导向法在大学英语听力教学中的应用

听力课一直是很多学生并不认可的一门课程，认为它不仅浪费时间和精力，而且也没有任何的效果，所以教师们对这门课程也是非常头疼。现实教学中，教课时间本来就比较少，教师们应该提高课堂效率，利用有效的时间来充分展开教学内容。目前学生们的英语能力一直停滞不前，这成了一个在英语学习上的阻碍，也是目前听说课需要进行重大变动的主要目的。对此，我们也找到了一个可实施的办法，就是利用产出导向法来进行教学实验。在一个月左右的时间内，观察英语的听力课是否得到了改善。这个方法不但能够激起学生们的兴趣，还能够提升学生的听说能力。

下面我们将以不同的教学理论作为指导，规划出一个合理的教学方案。教学的实验时间为6个星期，一共设立6个课时。将2017级放射班作为实验的对象，共28人。

一、目标拟定

实验题目：Conflicts between Parents and Children。选择这个题目是因为这个话题能够引起学生的共鸣，大一的新生跟父母之间多多少少都会有一些矛盾产生，这个话题能够在英语的语言上制造出一个非常好的条件，可以把课堂变得更加生动有趣。我们可以拟定一个"课本剧"，让学生通过表演的形式，锻炼口语和听力，并且也能更加深入地了解单词本身的意思，这样既能够提升口语，又能够慢慢提升听力。为了这个目的，我们在常用词和重点句式的选择上，应更加谨慎认真。

二、重点环节的规划

在第一个环节中，教师主要完成传统课堂的变更。我们利用视频来体现整个主题的场景，视频内容是"成长中的烦恼"，以此为交际场景，将父母和子女之间的一些矛盾作为主题，这样能够激发学生们的能力。影片结束之后，各小组的学生进行话题讨论，计时十分钟。这一环节过后，学生能够了解到自己的语言"缺口"，可以把那些表达不出来的话语，试着用自己的语言写出来，这样也给老师的下一个环节提供了素材。

促成下一环节的三个小环节：

（1）教学目标要分明，要熟练把握一些比较好的句式和短语。

（2）明确任务，学生必须要在15分钟左右完成一项课本剧，并且是以小组为单位来体现的，内容要在原来的基础上进行改进，可随意发挥，但是不能只体现主题内容，也要在语言点上有所突破。

（3）进行最后的语言推进。

识别语言练习：在这一过程中，需要联系单元词汇。题型不能单一，选择和填空都要包含。选择题需要学生进行相同意思单词的转换，也就是说，在给出的几个词汇当中，选择一个最为合适的单词来进行替换。填空题需要学生在原来的不完整的句子上加以填充，然后学生们准备接下来要表演的剧本，慢慢练习，最后由老师来进行最后的评定和指导。

在得出的结论中，我们选择了内容一致的听力材料，可以看出学生在听力测试中有很大的进步，他们通过口语来加强自己的听感，这也说明了这种方式的教学方法跟传统的教学方法相比，还是有很大优势的，同时也能产生很好的教学效果，学生们也都很乐于接受。

第三节　产出导向法在大学英语口语教学中的应用

一、大学英语口语教学中的驱动环节

产出导向法认为，教师们可以让学生认知到自己语言方面的不足之处，从而促进学生对学习的欲望。教师可以适当地设计一些挑战性比较大的话题，或者在场景设计中更加具有交际性，让学生去完成教师设计的活动。相对于其他院校，留学生最多的就是外语学校了，这样不但能给学生们创造良好的语言学习环境，也能让他们之间互相练习口语。其实学生有很多的机会接触到外国人，比如，在达沃斯论坛，这时会有很多的学生去当志愿者，还有学校也会定期进行交流项目，很多大二或者大三的学生都会去美国或者英国进行学习。学习的时间大概一年左右。

老师们根据"Food and Drink"，创造出了下列几项任务。

（1）假如学校举行了一次家乡美食节，你的一位留学生伙伴对你的家乡菜很有兴趣，想要进行更多的了解。

（2）假如你的工作是一位接待人员，专门接待外国来宾。公司邀请外国来的客人吃中国特色饭菜，外国来宾对中国菜非常感兴趣，不断询问菜肴是如何做出来的。

（3）假如学校选中了你去国外做交流生。当中国春节到来时，你热情地邀请你的外国同学来中国，感受新年氛围，并邀请他来你家里吃饺子，你的外国同学对中国的饺子很是好奇，并向你询问饺子的做法。

老师设计的这些任务，表面上看起来很普通，其实它具有很大的交际价值。既能够让学生主动接受并学习一些新的知识，又能够在自己原有知识的基础上，发现漏洞并进行填补，并且还能让他们充分了解到中西方在文化上面的巨大差别。让学生们肩负起了中国对外文化交流的使命，在跨文化的前提下增强交际能力,这样也改善了中国在文化上的"失语症"。

二、大学英语口语教学中的促成环节

促成环节包含了以下教学步骤:由教师将产出任务进行细致的描述、学生根据教师的描述来进行学习、教师根据学生的学习成果进行有效的检查和指导。

(1)教师针对产出任务进行有效的描写和讲述。能够成功完成任务的关键在于三方面。首先是在内容上,其次是在语言形式上,最后就是在话语结构上。所以,在这一环节当中,教室的角色就相当于"中介",由教师来提供一些需要用到的材料,让学生在这些材料的基础上进行加工和挑选,从而获得任务所需要的一些信息,更好地完成教师给出的任务。课堂结束之后,教师将挑选出这些比较适当的材料,传送到专属的QQ群当中,材料包括:针对第一和第二项任务的材料,分别是英文版本的《中国菜的故事》和《我爱中国菜》,这些都是作为辅助材料来使用的,还有第三个任务的材料"中国羊年春节",这个是必须要用到的一个简短的视频。视频当中一个华人厨师用纯英文来向外国人讲述如何包饺子,这些输出材料能够很好地为学生提供帮助,无论是在内容或者语言形式上,都有很大程度的帮助,这样既提高了学生学习新知识的进度,也能够促进学生的积极性。

(2)学生根据老师的描述来进行学习。学生将分成几个小组,每个小组根据自己选择的任务来下载相关联的材料,然后小组中的成员进行分工合作。通过对材料的利用,来解决问题并完成老师交代的任务。老师的主要工作就是帮助学生解决在这一过程当中遇到的一系列问题,同时也要了解学生的活动进展如何,最后就是在上课之前,对学生制作的幻灯片进行检查。

(3)教师对学生的产出任务进行检查。根据教学要求,任务的完成需要教师在一旁指导,循序渐进地进行,而不是"放养式"地盲目进行。以此为例,针对第一个任务,学生从《中国菜的故事》中,得知了自己的家乡菜和一些有趣的故事典范,如东坡肉、佛跳墙等。但是教师在通过检查学生幻灯片的制作过程中,看到很多学生的幻灯片内容枯燥,大部分都是文字,这样一来就很难吸引人,也很难使别人产生了解的兴趣。针对这一情况,教师可以建议学生适当增加

第六章 产出导向法视域下的大学英语技能教学研究

一些有趣的图片来进行配合,并且将大量的文字去繁从简,只挑其中重要的点来展现。针对第二个任务,学生从《我爱中国菜》中,选择了一些中国特色比较浓郁的菜色,如糖醋排骨和宫保鸡丁等,在这当中,要对和烹饪方式有关系的词汇进行重点学习,从而体现对菜谱的表述。针对第三个任务,在教师的指导和带领下,学生们将一些比较复杂的流程进行了划分,分为了六个子任务,这就将包饺子的难度降低了,让学生在面对材料时更加得心应手。

三、大学英语口语教学中的评价环节

评价环节分为两种:一种是即时;另一种是延时。即时是指在这一过程中,教师们根据学生的完成度和学习能力给出相应的评价。延时是指学生根据教师给出的任务目标来进行练习,之后教师会根据学生的练习结果给出合理的指导和改正。延时评价的要求和即时评价是不一样的,它需要教师和学生来一起参与,这样学生不仅需要对自己的成果进行展示,也要学习他人的成果。这一单元的前两个任务由两个小组进行,剩下的由三个小组共同完成。并且由于课堂的时间是不充足的,所以小组任务由抽签来决定。因为在之前的环节当中,教师已经针对学生的展示内容,对学生进行了针对性的指导和评价。教师们也让听众对学生们展开评价,从而调动现场的气氛,让听众也更加有积极性。我们可以列举一些具体的做法:各个小组展示完成后,教师们可以随机挑选一些听众,对本次的汇报内容讲述一些理解,或者也可以对听众进行提问,可以随机让观众们进行回答。可能有的小组因为时间关系,并没有得到展示,那么在下课之后,需要把准备好的展示材料传到QQ群当中,由学生们根据这些展示内容进行评价,并从中学习到不一样的东西。

第四节 产出导向法在大学英语阅读教学中的应用

大学英语呈现出课时受限、教学内容繁复的特点。因此,在传统教学模式的

作用下,多数教师将完成单元文章与练习设置为教学目标。但至于说,教学目标是不是实现了教学内容,学生掌握了怎样的学习内容、学习内容掌握到什么程度,以上这些都因为无法获取自由的教学时间,使教师忽视了其在教学活动中的实践。传统的教师讲、学生听的输入式教学在教学过程中占用了更多的时间,使教师无法兼顾教学中教学内容的产出。这样一来,学生无法在教学过程中实现产出,导致学生不具备产出的能力。教学内容的输入与产出无法匹配,大学英语所生成的教学效果被大众推入怀疑的境地,甚至连大学英语教学也遭遇无端指责。而在此,本书提出的以产出为教学目标,能够很好地解决上述问题。不仅如此,我们将《全新版大学英语综合教程》第1册第6单元作为示例,进而对以产出为教学目标的大学英语阅读课程设计做出全面反馈。

(1)进行尝试以实现产出。作为一篇浪漫、细腻、感人的爱情故事,在这一单元中出现的这一阅读文章,其故事情节生动曲折、对情感的描述也十分细致。因此,教师在对驱动环节进行设计时,要对教学目标以及产出任务加以筛选,不仅使其符合文章主题,对学生产生吸引的同时保证学生至少能够完成部分任务。此方法极为有效地简化了教学目标。教师以文章主题为依据,再与学生本身通过学习获取应有的知识水平、已具备的语言能力、广泛的兴趣爱好等相结合,进而完成产出任务。文章对两人见面场景进行描述时,设置了充满浪漫色彩甚至狡黠意味的情境,再让学生对自己与新同学以及新朋友见面时的场景进行回忆,将两者进行结合后,教师再以口头的形式对学生进行产出任务的布置,再要求学生对见面场景进行表演。当学生开始进入表演,或者行进至表演过程中时,便会意识到,若自身的词汇量不够丰富,导致自己不能对自身觉得有趣或者难忘的经历进行表达。这样的产出练习,不仅能够令学生对自身拥有的知识做了解,更能够激发学生对自己的经历进行表达的欲望。在此时,教师再对学生展示出此课的学习目标,或者做产出任务的要求,具体到本课便是对见面场景进行生动有趣的描述;经过阅读,学生之间进行对话,并进一步以写作的方式实现产出,进行新的故事描述,描述自己与新同学或新朋友见面的场景,对场景的描写要尽量吸引读者。通过这样的训练方法,教师能够通过产出任务,令学生在思想上提升自身学习的能动性,更在实践中对教师的教学活动进行积极配合,同时为接收下一阶段的输入进行准备。

(2)通过实践促成学习结果。促成是第二阶段的重心,当教师对教学目标和产出任务进行明确之后,会针对不同部分采取不同的教学方法。教师以两人见面的经历为基础,以词句、叙事方式、修辞特点等语法方面进行讲授,使学生把握这些语法要点,在头脑中对见面场景所需要的综合知识点(如词句、讲解方式、修辞应用等)形成一个清晰的认识。为产出练习打下理论基础的同时,对输入进行筛选,使输入更具针对性。在此环节中,保证学生足够的输入,以实现更好的产出为最终目的。

A young woman was coming toward me. Her figure was long and slim; her golden hair lays back in curls from her delicate ears; her eyes were blue as flowers; her lips and chin had a gentle firmness, and in her pale green suit she was like spring time come alive.

此处描写既提供了外貌描写的范本,也给学生提供了见面场景描述的叙事内容,对容貌的描述能够使读者身临其境、感同身受,产出作品质量也就得到了提高。

The girl in the green suit was walking quickly away. I felt as though I was split in two, so keen was my desire to follow her, and yet so deep was my longing for the woman whose spirit had truly companioned me and up – held my own.

此处主要对约翰在面对取舍时的心理活动进行描写。学生在对此段的描述进行学习后,会发现如何令人物更为饱满的写作技巧,即通过对人物进行细致的心理活动来实现,而围绕相遇场景进行的输入教学,能够为学生完成下一步的产出任务做知识储备,这样学生便可以顺利地进行第二阶段的产出。

需要注意的是,此时的产出并不等于第一阶段的产出。在第一阶段进行的产出会因为学生没有针对性的输入,最终导致出现产出质量不高的问题;但在第二阶段,在教师指导性的输入下,产出的质量应当获得提升的同时,应尽可能达到预期的目标任务。在这时,学生塑造的人物便会呈现出丰满的状态,故事情节亦更动人,对于学生的学习动机来说也是一个激励。当学生完成其产出后,教师应做出即时且具针对性的评价。这样的评价,能够令学生对产出成果做出正确的认识,最终促进学习的进行。

第五节 产出导向法在大学英语写作教学中的应用

作为一种较为新颖的教学方法,产出导向法是对传统的输入及输出理论做改进的基础上得来的。产出导向法不仅实现了对课程设置的关注,更将英语课堂上大学英语教师与学生之间进行的分工以及实现的合作作为重要内容进行关注,进而突出输出及输入在进行英语教学时所起到的重要作用。产出导向法对学生进行英语学习时做出自我发现有重要帮助,帮助学生解决自己在进行英语学习时无论是学习过程还是使用中存在的困难,更重要的是有力地推动英语教师在教学观念与方法方面进行改变。语言作为一种人与人之间沟通、交流的方式,若希望对其实现熟练掌握,必须对听、说、读、写四方面进行训练,更需要在学习者进行学习的每一个阶段采用形态各异的教学方式。国内学者如果要对我国现行的英语考试模式自身存在的问题进行改善,不仅需要对国外教学方法进行借鉴,更重要的是需针对我国面临的教学现状进行实践探索,以期寻找到对本土化问题进行解决的方案。

一、大学英语写作问题解析

(1) 大学英语在进行写作教学时,多采用语言的活动产出这一方式。传统的课堂学习中,依然无法在写作教学中对大学英语的交际性给予足够的重视。通常,教师会先将范文提供给学生,学生在进行阅读的同时,教师对一些写作技巧进行讲解,最后再为学生布置写作任务(包括说明文、议论文等),或者在一些训练中,教师也会以当前社会涌现的热点话题作素材,令学生表达自身的观点,同时完成写作任务。

(2) 以写作技能的训练为主的传统英语写作教学,并没有将写作本身与所学习的学科内容进行有机融合。在英语写作中,很多话题是与母语的概念息息相关的,如果仅仅对学生进行单一的写作训练,便很难实现利用特色英语对中国传统文化的表达。因此，学生要想进行英语写作，在这之前要以大量的阅读进行知识累积，在学习英国及美国文化有关的文学作品之余，还需对与中国文化相关的英语文章进行学习，在实现两者融合的基础上，最大限度地发挥出自身的写作水平。

（3）在国内的英语教学中，一直存有重视理论、轻视实践的问题，因为英语教学存在于课堂中，并以讲授的方式进行，教师仅在教学时或者对学生课余时间做某些实践性任务的要求。大学英语课程因自身缺乏实践性，导致缺乏一些具有实用性以及带有实操性质的锻炼、指导以及监督等，无法最大限度地呈现最优的大学英语写作的教学效果。

（4）在英语写作的教学过程中，其评价方式理应获得重视。一直以来对评价效率方面存有的一些问题未实现解决，进而导致以结果为导向的学习法写作教学中，依然使用教师对学生的作品进行批改的评价主要方式。这一评价方式最大的问题便是，评价方式单一，在增加教师工作量的同时，更因教师在评价过程中对学生写作的语言、结构呈现的问题以及负面的评价较多，造成学生在对自己作文进行修改时呈现出懈怠的状态。尽管在后期的写作教学法中实行吻合学生中心以及合作学习理念的比较鼓励同伴之间互批互改的学习方法，却出现了批改意见未具有一定程度的权威性，与东方的学习文化不符等问题。

（5）教材在写作教学中扮演的角色被逐渐弱化。当下，在大学英语写作进行的学习中，学生似乎都陷入了学习知识无用武之地的困境。甚至有大量的学生对英语学习持"无用论"。此时，不仅需要高校的英语教学者进行反思，更需要获得全社会的关注，但有大部分教师依然使用传统的教学理念，这一教学理念强调以课本为中心。

二、产出导向法在大学英语写作教学中的实施

（1）对教学目标进行明确。若要实现课堂教学预期的目标，首先要求学生以自身的努力去实现目标，教师要对学生应完成的目标做到心中有数，其次将目标细化。倡导师生共同参与，即无论是教师还是学生都可以对有没有实现目标做出评估。产出导向法提倡在英语写作教学中，将输出作为驱动目标，并在为学生

布置活动场景时,注意场景本身所具有的交际性以及可对听、说、写、译等能力进行运用。

(2) 对教学内容进行确定。为了实现教学目标,同时保证输入能够为输出提供适当的材料及内容知识,除了实现对教材内容进行合理的选择外,还要运用实践与理论进行结合的方法。教师应以学生的能力为依据,进行适当的教学目标的选择,最终以多媒体或书面的形式为学生提供案例,以此使学生做到自己预习材料的同时,对相关的知识与材料进行搜集。因此,不管是教师选择教材作为输入的内容,还是实现输入内容的相关补充,都需重视输出活动的意义,进而为学生进行输出和输入创造更多机会,这才能够令学生在真实的体验实践中对具有价值意义的材料进行筛选,最终顺利地完成产出任务。产出导向法这一理念对将教材作为学习的中心持反对意见,但却强调在学习过程中对教材做正确的使用,对这一方法进行掌握,关键在于让学生对所学知识进行运用,而并非仅仅实现对知识的学习。

(3) 以举例为方法实现的教学。运用例子实现教学的过程,是将学生的被动学习转变为主动学习。这对教师提出善于归纳以及在讲课前进行完全准备的要求。并且让学生理解,必须自己掌握学习的主动权,教师仅仅起到指导与组织的作用。在使用此教学法时,教师在本节课中使用的例子需具有代表性且与教学内容相宜。这样一来,在讨论过程中,学生对自己的见解进行表达时,也能够令教师获得启发。

(4) 对教师角色转变进行的推动。以学习的中心学说为基础的产出导向法,要求教师在对待每一位学生时,持平等的态度。与此同时,该方法要求在课堂中进行的活动必须能够实现有效的学习,学生可以从中学习到什么成为课堂上的学习关注的焦点。教师以课堂学习为基础,依据实际的情况为学生选择最佳的学习方式,最终完成教学目标。此外,围绕与写作时进行的课堂教学相关的环节及任务保持一定的关注度并进行设计,采用多种形式来促进课堂活动的进行,以期提高教学效率,提升学生对语言进行综合使用方面的能力。

(5) 不断地进行课外实践。产出导向法更加注重学生采用情景设置的方式,激发学生的求知欲。在课堂外实践的基础上,促成学生实现与形态各异的人群之间的沟通与交流,在扩大自身视野的基础上来习得知识,最终使自己获得丰富多彩的学习生活。

参考文献

一、著作类

[1] 曹倩瑜. 英语教学理论与教学法 [M]. 西安：西安交通大学出版社，2017.

[2] 赵娟. 大学英语教学研究 [M]. 成都：西南财经大学出版社，2017.

二、期刊类

[1] 常小玲. "产出导向法"的教材编写研究 [J]. 现代外语，2017（3）：71-80+150.

[2] 陈秀明，祁颖，谷珍. 基于"产出导向法"的大学英语教学研究述评 [J]. 教育现代化，2018，5（17）：203-206.

[3] 崔红霞，吴小梅. "产出导向法"在民办院校大学英语听说教学中的应用 [J]. 陕西教育（高教），2018（6）：18+20.

[4] 邓海龙. "产出导向法"与"任务型教学法"比较：理念、假设与流程 [J]. 外语教学，2018，191（3）：59-63.

[5] 樊睿. 构建产出导向法视角下的大学英语教师角色转变 [J]. 海外英

语（上），2016（8）：31-32.

[6] 顾琪璋."产出导向法"与英语课堂人文素质教育效率提升研究[J]. 教育评论，2016（6）：139-141.

[7] 扈玉婷. 产出导向法指导下的思维导图式大学英语写作教学环节设计[J]. 英语广场，2016（10）：136-137.

[8] 李晨，吴婷，郑锦菁. 新形势下的大学英语"产出导向法"教学效果实验研究[J]. 吉林广播电视大学学报，2018，196（4）：68-70+73.

[9] 李冬辉. 产出导向法在艺术院校大学英语教学中的应用[J]. 长春师范大学学报，2018（3）：192-194.

[10] 李佐."产出导向法"在高职大学英语翻转课堂中的实践研究[J]. 中国职业技术教育，2017（31）：89-93.

[11] 刘小杏，黄小芳. 基于"产出导向法"的大学英语教学改革与实验研究[J]. 河北软件职业技术学院学报，2017（1）：34-38.

[12] 刘小杏，宋敏."产出导向法"视域下的大学英语读写教学设计与实践[J]. 宁波教育学院学报，2017（2）：55-58.

[13] 马睿."产出导向法"在独立学院大学英语四级写作课中的应用[J]. 英语广场，2018，90（6）：72-73.

[14] 欧阳娟. 产出导向法在大学英语教学中的可行性分析[J]. 教育教学论坛，2016（30）：170-171.

[15] 彭兵转. 基于产出导向法的大学英语跨文化教学模式探究——语言主观性视角[J]. 黑龙江教育学院学报，2017，36（7）：124-126.

[16] 齐品，史晓春. 基于POA的英语视听说课程设计和效应研究[J]. 教育学术月刊，2016（8）：106-111.

[17] 邱琳."产出导向法"语言促成环节过程化设计研究[J]. 现代外语，2017（3）：98-108+151.

[18] 沈妍斐. 大数据时代"产出导向法"指导下的大学英语教学改革构想[J]. 教育现代化，2017（21）：29-31.

[19] 谭赞. 基于产出导向法的大学英语翻转教学设计——以《新视界大学英语综合教程1》第二单元教学为例[J]. 现代经济信息，2018（8）：473.

[20] 唐金萍，耿江华．产出导向法在大学英语阅读课程中的应用研究［J］．英语广场，2018，89（5）：109-110．

[21] 王小金．基于"产出导向法"的大学英语课堂设计［J］．校园英语，2018（8）：33-33．

[22] 文秋芳．"产出导向法"与对外汉语教学［J］．世界汉语教学，2018，32（3）：101-114．

[23] 文秋芳．"师生合作评价"："产出导向法"创设的新评价形式［J］．外语界，2016（5）：37-43．

[24] 文秋芳．构建"产出导向法"理论体系［J］．外语教学与研究，2015（4）：547-558．

[25] 向志雄．"产出导向法"视域下的大学英语教学实践［J］．海外英语，2018，378（14）：116-117．

[26] 薛宏．基于产出导向法的大学英语翻转课堂实践［J］．文化创新比较研究，2018，2（47）：103-104．

[27] 杨燕飞．产出导向法在大学英语写作教学中的应用［J］．南通航运职业技术学院学报，2018，17（1）：93-97．

[28] 张丽维．基于"产出导向法"的大学英语产出任务的设计研究——以《新目标大学英语——综合教程1》"大学校园生活"单元为例［J］．海外英语，2018，372（8）：115-116．

[29] 张伶俐．"产出导向法"的教学有效性研究［J］．现代外语，2017（3）：81-88+150．

[30] 张文娟．"产出导向法"对大学英语写作影响的实验研究［J］．现代外语，2017（3）：89-97+150-151．

[31] 张文娟．基于"产出导向法"的大学英语课堂教学实践［J］．外语与外语教学，2016（2）：106-114．

[32] 张璇．产出导向法应用于大学英语视听说课程教学的可行性探究［J］．黑龙江教育（理论与实践），2017（9）：58-59．

[33] 赵晨．产出导向法在大学英语课堂设计中的应用探索［J］．佳木斯职业学院学报，2018，186（5）：323-324．

[34] 赵慧. 产出导向法指导下的思维导图式大学英语写作教学策略研究 [J]. 现代经济信息, 2018 (10): 422-423.

[35] 赵秀芳. 基于"产出导向法"的大学英语教学中中国文化的渗透及翻译研究 [J]. 渭南师范学院学报, 2017 (2): 68-72.